阳光里的遇见

——杭州市旅游职业学校德育工作成果集萃

楼列娜 / 主编

浙江工商大学出版社

图书在版编目（CIP）数据

阳光里的遇见：杭州市旅游职业学校德育工作成果集萃／楼列娜主编. —杭州：浙江工商大学出版社，2018.1

ISBN 978-7-5178-2307-0

Ⅰ. ①阳… Ⅱ. ①楼… Ⅲ. ①中等专业学校－德育－杭州 Ⅳ. ①G711

中国版本图书馆 CIP 数据核字(2017)第 184572 号

阳光里的遇见

——杭州市旅游职业学校德育工作成果集萃

楼列娜　主编

责任编辑	郭昊鑫　沈　娴
封面设计	王妤驰
责任印制	包建辉
出版发行	浙江工商大学出版社
	（杭州市教工路 149 号　邮政编码 310012）
	（E-mail：zjgsupress@163.com）
	（网址：http：//www.zjgsupress.com）
	电话：0571-88823703,88831806（传真）
排　　版	杭州朝曦图文设计有限公司
印　　刷	杭州恒力通印务有限公司
开　　本	710mm×1000mm　1/16
印　　张	13.25
字　　数	186 千
版 印 次	2018 年 1 月第 1 版　2018 年 1 月第 1 次印刷
书　　号	ISBN 978-7-5178-2307-0
定　　价	42.80 元

编委会

序　言

阳光给生命带来滋养,遇见是一切的开始。

学校经过多年的德育实践,目前已经形成了"阳光德育"模式,确立了"阳光德育"的理论与实践体系,确定了"阳光德育"的内涵、目标、主线。让学生在"阳光德育"的浸润下,遇见"尚美、精技"的自己,是学校的教育理想。

本书是学校"阳光德育"理论引领下的德育工作实践成果集萃,包含溯源述流篇——"阳光德育"模式综述、丰厚学养篇——德育论文汇集、行者叙事篇——德育案例集锦三个部分,从模式架构、论文总结、案例实践三个方面体现"阳光德育"的四个内涵——温暖、温柔、坚持、坚定。"温暖"体现教育是一个激励的过程,教师对学生温暖的态度,不断地向学生传递的爱的正能量,是学生成长发展的能量来源;"温柔"是一把钥匙,只有用"温柔"的方式才能走进学生的心灵,拉近师生之间的距离,潜移默化,润物于无声;"坚持"印证了教育是一个长期的过程,尽管学生会一次又一次地犯错,教师依然要有一种不抛弃不放弃的恒心和毅力;"坚定"说明学生的成长需要有一定的规则和界限,这些规则和界限是保护学生沿着正确方向发展的保证,教师坚定不移地守住学生行为的准则和底线,才能确保学生走向健康阳光的康庄大道。

本书收录的德育论文是学校教师对"阳光德育"模式的实践总结和理论提升,而德育案例更体现了老师们在教育中如何践行"温暖、温柔、坚持、坚定"的阳光德育内涵。本书编撰工作时间紧、任务重,但却是一次对我校德育工作进行总结和回顾的良好契机,必然会对我校的德育实践工作起积极的推进作用。让阳光照耀生命,让学生遇见更美的自己!

校长:杨琼飞

2017 年 6 月

目 录

一、溯源述流篇

构建"阳光德育"体系 成就学生幸福人生

　　——杭州市旅游职业学校"阳光德育"模式综述　　　　楼列娜 | 003

二、丰厚学养篇

积极心理助成长,相亲相爱园林人

　　——我校班级共同体在始业教育的实践与探索　　王 婷 夏嘉平 | 015

德育请不要"提速"

　　——中职"慢"德育的实践与探索　　　　　　　　　徐敏杰 | 039

班级建设巧借力之"后妈"双重奏

　　——兼论主题班会对中途接班管理的影响及成效　　　林 璐 | 048

手脚五官齐上阵,酸甜苦辣皆滋味

　　——80后中职女教师班级有效管理的实践研究　　　　沈 菁 | 057

中职生同伴交往调查分析及教育策略　　　　　　　　　戚成启 | 068

培养软实力 提升正能量

　　——中职学校班主任积极心理幸福力校本培养探析　　张佩蒂 | 075

在心灵深处与学生相遇

　　——现代客体关系理论在师生互动中的运用　　　周建文 ｜ 086

笔间传情

　　——我和我的 10 导游班的成长故事　　　杨　瑛 ｜ 096

三、行者叙事篇

（一）温暖

让阳光照进生命的缝隙　　　蒋竹芳 ｜ 111

慈悲是最好的沟通　　　周建文 ｜ 114

用宽容滋润每个孩子的心田　　　唐　靓 ｜ 118

"冷一冷"与"热一热"的妙用　　　傅　茜 ｜ 122

聆听，世上最美的动作　　　张　婷 ｜ 126

特别的"爱"给特别的"他"　　　罗建基 ｜ 130

（二）温柔

为孩子缝合翅膀的人　　　谭蓉琳 ｜ 135

"我—信息"在师生沟通中的运用　　　兰伟东 ｜ 137

换座风波　　　许　敏 ｜ 141

当个性张扬的"90 后"不再那么"尊师重道"时……　　　张佩蒂 ｜ 146

"不搭界"热风中的冷思考　　　于力鹏 ｜ 149

给外表卸妆，给心灵补妆　　　王帅峰 ｜ 153

（三）坚持

行走在爱与不爱之间　　　　　　　　　　　　　　　宋春燕｜158

循线索　巧沟通　抓矛盾　妙突破

　　　——对离家孩子的处理步骤　　　　　　　　　戎丽平｜162

你的芬芳，我们共赏

　　　——一个被孤立的学生重新融入班集体的案例　吴昌进｜166

"拇指"or"食指"　　　　　　　　　　　　　　　　　徐敏杰｜171

春风化雨·青春蜕"辩"　　　　　　　　　　　　　　王姚姚｜175

学而思　思而长　　　　　　　　　　　　　　　　　吴伟明｜179

（四）坚定

小契机，大教育　　　　　　　　　　　　　　　　　沈　斌｜183

辛勤耕耘，才能静待花开　　　　　　　　　　　　　戚成启｜186

做谣言的终结者，让班级重拾欢乐　　　　　　　　　赵淼玉｜190

早恋问题"是"与"非"　　　　　　　　　　　　　　　杨文浩｜194

以懒制懒，"刷地"制度刷出存在感　　　　　　　　　章微微｜197

一

溯源述流篇

构建"阳光德育"体系　成就学生幸福人生

——杭州市旅游职业学校"阳光德育"模式综述

楼列娜

近年来,学校以培育和践行社会主义核心价值观为统领,紧紧围绕"立德树人"的根本任务,认真落实省、市中小学育人工作座谈会精神,遵循中小学德育工作规律和学生成长规律,构建"阳光德育"的育人工作体系,以仪式教育为载体,着力把学生培养成具有现代文明素养、法制观念、基础道德的合格公民。还以"职业梦工厂"为载体,开展了一系列教育教学活动,培养学生成为具有职业精神、职业道德的合格企业员工,为学生的美好生活和幸福人生做奠基,为实现中华民族伟大复兴的"中国梦"培养合格建设者和可靠接班人。基于我校培养的旅游服务类学生特征,我们立足学校阳光文化,抓住全域旅游的发展契机,以立德树人为根本,以工匠精神为核心,以身心健康为基础,以培养学生"具有从业能力,具备发展素质"为根本目标和宗旨,通过体系构建、导师培育、课堂呈现、评价促成,使学生具有"尚美、阳光、精技、致远"的核心素养。近五年,我们提炼了"阳光德育"的内涵,提出了"五五阳光德育"体系,并做了有益的尝试,本文将细述学校"阳光德育"的理念和工作体系。

一、"阳光德育"的缘起

近年来,基于国家和地方政府对职业教育的日益重视,学校目前发展定位清晰,发展活力旺盛,发展势头强劲,发展局面稳定,实现了规模、质量、结构、效益发展的和谐统一。学校先进的教育理念、优良的师资队伍、一流的设施设备、优质的教育教学,为创建文明学校奠定了坚实的基础。目前,学校进入提升办学品质的关键期,我校找准切口,全力以赴,创出佳绩,形成了阳光文化新品牌。

学校阳光文化建设的重点为:①构建先进的适合我校的办学理念体系(包括教育理念、管理理念、质量观、学生观、教学观、核心价值观等);②建立学校的办学体系,探索并确立科学有效的办学模式,创建富有活力的办学机制;③形成一套管理制度,保证日常工作规范化、程序化、精细化;④营造努力工作、积极进取、敢为人先的工作氛围;⑤建立和谐、大气、快乐的精神家园;⑥创建学习型和协作型团队,创建学习型和创新型的学校;⑦丰富具有现代教育特征的专业文化。

结合我校阳光校园文化建设,我们重新审视梳理学校德育工作,提出了"阳光德育"的工作理念。

二、"阳光德育"的内涵及其特点

(一)"阳光德育"的内涵

所谓"阳光德育"是指通过德育管理理念和方式、德育改革及校园环境建设等途径,以让学生快乐学习、让教师幸福工作和让校园和谐美丽为目标,为全体师生创建一个风和日丽的阳光校园,让德育的阳光洒向校园的每一个角落,造就有成就感、有幸福感的"阳光师生"。这种阳光德育理念是师生全面发展、和谐发展的需要,是职业教育又好又快发展的需要,体现了以人为本的科学发展观。

"阳光德育"源自我校阳光文化的渗透与滋养,阳光具有温暖、光明、永恒、和煦的特征,充满正能量,能够促进万物生长,正与我校一直所倡导的德育态度、德育方式、德育信念和德育原则相吻合。基于此,学校将"阳光德育"内涵界定为"温暖"的德育态度,"温柔"的德育方式,"坚持"的德育信念,"坚定"的德育原则。第一,温暖。"阳光德育"是一个激励的过程,教师对学生温暖的态度,不断地向学生传递的爱的正能量,是学生成长发展的能量来源,是决定学生学习动力和行为表现的关键因素,也是教育得以发生的动力基础。第二,温柔。"温柔"是一把钥匙,只有用温柔的方式才能走进学生的心灵,拉近师生之间的距离,潜移默化,润物于无声。中职生在小初阶段多多少少都有挫折的经历,对教育和教师具有一定的防御和排斥心理。教师更加需要用温柔的工作方式,消除学生心灵的阴影,重启学生的成长之路。第三,坚持。"阳光德育"是一个长期的过程,面对学生一次又一次地犯错,教师依然要有一种不抛弃不放弃的恒心和毅力,相信我们的良苦用心最终都会对学生产生积极的影响,即使暂时没有效果,我们依然相信对学生的将来会产生持久的有益作用。如同太阳经历黑暗,依然每日从东方升起,坚持到底,永不放弃。第四,坚定。学生的成长需要有一定的规则和界限,这些规则和界限是学生沿着正确方向发展的保证。就像河流如果没有堤岸的守护就不能向前一样,教师应坚定不移地守住学生行为的准则和底线,避免让学生处于成长和发展的危险之中。可以说如果没有坚定地守护"德育"的原则,温暖和温柔也都将无法发挥作用。

(二)"阳光德育"的特点

"阳光德育"具有以下五个特点。

1. 开放性

"阳光德育"重视对外宣传和交流工作,努力提高学校在社会上的知名度,树立学校在社会上的良好形象,扩大社会影响力,为学校的发展奠定良好的舆论环境;"阳光德育"加强与兄弟院校的合作与交流,借助各类信息网和宣传渠道打造学校品牌,展示学校风采;"阳光德育"注重学校与企业的紧密联系与合作交流,培养学生良好的职业素养与能力。

2. 成长性

阳光促进万物生长,"阳光德育"力求人人获得成长。师生的一步步成长都是成功,可以说成长的过程就是师生逐步走向人生成功的旅程。"阳光德育"要求学校管理要始终坚持"正面、积极、激励"的原则,对师生进行"全心、全面、全程"的关心、教育和帮助。"阳光德育"就是要让师生始终处在平等、光明、温暖的环境里,不断地体验成功,从而养成积极的进取精神,在实现跨越的基础上再跨越,在获得成功的基础上再成功。

3. 人文性

"阳光德育"坚持以人为本的管理理念,尊重师生的自主性,关注师生的生活、学习、工作的全面需要,营造积极向上的人文工作环境,努力为师生提供快乐工作、快乐学习的人生幸福体验。

4. 均衡性

"阳光德育"坚持学校均衡发展,学校管理要使得学校多方面工作都能趋向良性发展,真正让我们的学生在不同专业、不同校区、不同年级都能受到优质教育;"阳光德育"秉持质量理念,力求质量取胜,加强质量管理(包括过程和结果),学校努力实现省市一流的办学质量和教育质量。

5. 柔和性

"阳光德育"要求引导师生感受光明,找到方向,看到希望;要求科学地应用唤醒、赞赏和激励等正面教育手段,鼓励师生积极向上发展,不断完善自我,享受人生成功。

三、"阳光德育"的实践体系

学校"阳光德育"的实践体系由五个部分组成,第一是学校五大特征的德育模式;第二是五大举措的德育实践,第三是五大形式的德育仪式,第四是五大专业的德育活动,第五是以五大基地为依托,推进德育队伍建设,全面提升德育水平。我们把这一实践体系称为"五五阳光德育体系",简称"五五"德育体系。

(一)五大特征的德育模式

学校德育模式在架构的过程中,呈现出较为科学的五大特征。第一,德育评价多元化。采用德育学分制,将德育目标具体化,严格的学分登记也极大地提高了同学们品德与行为一致性,学校把学生获奖、认真参与活动、端正的学习态度等等都用德育学分进行多元化的量化评价,促进了学生的发展。第二,德育途径多样化。

我们搭建了学生业余团校、党校、成长学校、家长学校等平台,多途径促进学生成长。第三,德育内容职业化。在德育活动和育人环境的设计中,学校注重学生提升专业素养,精练专业技能。第四,德育手段艺术化。学校采用艺术化的手段呈现各项精品德育活动,如新生欢迎仪式采用艺术的手段把学生在校需学习的各项技能都呈现在舞台上。第五,德育活动过程化。学校注重德育活动的过程设计,如"阳光英才奖"奖学金的评选设计,从全校 2000 余名学生中海选出 52 名学生,再通过学业成绩、获奖、技能展示、演讲等环节的展示进行评选,最终评选出每年度学校"阳光英才奖"奖学金一、二、三等奖,全校学生在参加活动的过程中收获成长。

(二)五大举措的德育实践

1.德育学分让学生进步有方向

德育学分制通过对学生行为品德、组织纪律、学习态度、卫生习惯、体育健康、住校生制度和社会实践活动参与的综合考评来实施。用学分来反映班级德育的要求和评价学生的思想道德、行为规范。每学期常规分底分为 300 分。对照班级制定的规章制度考核内容(包括行为品德、组织纪律、卫生习惯、学习态度、体育健康、住校制度、社会实践),根据学生平时的思想道德和行为规范,相应加减分。学期德育分 5 分为评先、评优底线;毕业实习与就业推荐以学生在校期间的德育总分从高到低择优推荐。

实施德育学分制度管理强化了同学们德育必修的意识和自我教育、自我管理及自我约束的愿望,严格的学分登记也极大地提高了同学们品德与行为一致性。实施德育学分制把德育目标具体化,把德育目标转化为同学们的具体行为目标,使班级里的同学在道德发展上有了看得见、可践行、能判断的行为目标,使每一位同学都有积极向上的心态,都有得到表扬和认同的愿望,使同学们变被动接受教育为积极主动践行,让同学们通过思考做出自己的判断和决策。

2.德育课业让学生行动有指南

从高一开始到高三结束,学校根据不同阶段的德育需要,用课业来强化、记载德育过程。如高一的感恩教育,"爱的康乃馨"感恩主题课业,让学生通过班会、一封信、一次行动等方式发现爱,回馈爱;高二的以"我的青春我做主"为主题展开的生命教育、励志教育;高三的"职业生涯设计"主题课业,让学生懂得对人生进行规划、思考,为走向社会做好准备。

通过这三份课业,让学生分析自己发展的条件,明确自己的定位,确立职业目标,设想实施步骤,并制定发展措施,每个阶段都有具体的目标和措施,翔实可行的职业生涯规划设计,使同学们的未来变得清晰可见。

3.德育导师让学生成长有助力

德育导师制,把需要更多关心的学生的思想教育任务分解给德育导师,让更多的老师关心、指导学生的思想、生活、心理健康和学习,形成了既管又导、整体推进的学生思想工作新模式。学校德育导师制主要从三方面开展工作:一名党员教师联系一名学生,一名任课老师牵手两名学生和爱心家长关爱青川学子、新疆学子。从 2008 年 6 月,40 位青川学子来到我校的第一天开始,由学校教师主动报名组成的 40 名爱心家长就给了青川学子无私的爱和帮助,许多老师在节假日邀请青川学子到家做客并游览杭州的著名景点。曾经的青川学生在我校生活安定、心情愉快,该班被评为杭州市系统先进班级。2011 年 9 月,我校承担新疆内职班,延续了爱心家长的做法,由两名党员老师结对一个新疆班学生寝室,牵手关爱,德育导师制使教师之爱流进新疆学子的心田,促进了民族的团结。

4.双新评比让学生学习有榜样

"新青年、新榜样"活动旨在通过引导学生关注和学习社会上和身边的榜样人物,营造知荣辱、树正气、促和谐的校园氛围,引导学生树立社会主义核心价值观,使每个学生能够感受到积极、向上、正气和健康的力量并激发学生学习榜样的热情。每学年 9 月结合"新学期、新风采"活动评选校园文明之星,10 月结合班集体建设评选校园敬业之星,11 月结合校运会评选校园体育之星,12 月结合迎新活动评选校园才艺之星,1 月、2 月结合"春节扬新风"活动评选校园孝敬之星,3 月结合志愿者活动月评选校园志愿之星,4月结合技能节评选校园技能之星,5月结合社团文化节评选校园社团之星,6月结合"节能活动"评选校园环保之星,7月、8月结合社会实践活动校园实践之星。

榜样教育来自学校、班级的实践,需要我们不断地进行精心培育。发现学生榜样要作为一个系统工程来抓。学生榜样生活于学生群体中,起初也许并不感人,也不甚优秀,但他们的价值取向体现了学校、班主任的价值观,因此我们要善于深入、善于发现,要独具慧眼,及时培育,为其提供成长的必要条件,直至总结、评价、宣传,让大家接受,形成一种校园文化的导向。

5.第二课堂让学生发展有天地

我校第二课堂活动以《杭州市青少年学生第二课堂行动计划》等系列文件精神为指导,深刻认识第二课堂活动实施的重大意义,像精心组织教学一样精心组织第二课堂活动。结合专业,以"义务讲解员"活动为抓手,发掘具有"中职特色"的第二课堂双重育人功能,使旅游专业的同学无论是做一名文明参观、用心学习的游客,还是身体力行当义务讲解员都能领略场馆独特的文化魅力,学到场馆工作人员精湛的专业技能、优质的服务态度。

建立"校馆共建搭台—班级创建阵地—学生演绎精彩"三位一体活动机制。如校园文化艺术节中把导游技能大赛的比赛场地放在西湖博物馆进行。在校馆共建的基础上,开展班级创建阵地活动,创建班级志愿者队伍和实践活动的基地。

（三）五大形式的德育仪式

学校注重学生的仪式教育,五大形式的德育仪式已成为学校德育工作的品牌。学校重视学生个性的张扬、潜能的挖掘、特长的展示,结合体育、艺术教育,开展丰富多彩的课外活动,在活动中培养学生乐观开朗的心态、健康向善的审美观,实现学生全面和谐发展。以品牌活动为载体,丰富"阳光德育"内容。近年,我们定期举行了"旅职阳光伴我启航"的新生欢迎仪式、"旅职阳光伴我成长"的艺术节闭幕式、"旅职阳光伴我远航"的毕业典礼、"阳光文化　浸润师生"的晨会仪式以及"十八而

志　责任以行"的成人典礼,由此串联起学校对新生的真诚接纳、对全校学生的成长期许、对毕业生的发展期待等。如今,这些活动已经成为"阳光德育"的精品活动,深受学生的欢迎与喜爱。学校通过艺术的手段,让阳光校园文化浸润师生,以此培养学生阳光的性格,引导学生奔向幸福的人生。

(四)五大专业的德育活动

结合学校五大专业技能和专业素养培养的需要,以校企合作为依托,五大专业部全面推进"职业梦工厂"活动,以此打造学校的特色德育工作。学校把专业技能训练与德育综合活动相结合,引企入校,引导师入班级、进社团,让学生提前进入职业活动。每个学生在校的三年间,有一个职业学习和未来发展的梦,有一群帮助学生实现行业梦想的导师和校内梦想使者。学生通过完成一系列的相关课程学习、实践学习、学科竞赛、职业体验等,保证学习根植于现实职业环境,积累实现职业梦想所需的知识,提高相关技能和素养。学校五大专业部,旅游专业的"我的金牌导游梦"、酒店专业的"金翅膀、金钥匙"、园林专业的"绿手指创新创业"、金融专业的"金算盘"系列活动、商务助理专业的"魅力商务,全能助理"主题活动,让每个学生都拥有一个职业梦,各专业部通过"职业梦工厂"活动,引领学生筑梦、追梦、圆梦,完成职业能力的提升,职业素养的达成。

(五)五大基地的德育培训

1.以"家长学校"为摇篮,提升家长的教育"正能量"

2015年度,我校家长学校被评为杭州市"示范家长学校"。近年,"家长学校"面向全体家长举办"正能量家庭教育"系列培训课程,培训以理论讲座、情景操练、示范演示、小组讨论、家庭教育个案分析、实践反馈等方式进行,让家长真正学会当前最新、最科学、最可操作性的育子理念和技巧,与学校一起共同帮助孩子实现人生梦想。"正能量家庭教育"每月一次,时间基本定在每月第三周的周三下午。除了寒暑假外,一学年中举办十次。"正能量家庭教育"以人本主义心理学、积极心理学、幸福心理学和现代精神分析的客体关系理论为基础,帮助家长理解孩子成长的奥秘,通过改善家长的教育理念,提升家长的教育"正能量",帮助家长以恰当的方式与孩子建立良好的亲子关系,并使用合适的沟通方式,把"正能量"传递给孩子,发掘孩子成长的潜能,帮助孩子成为更优秀的人才。培训活动也同时帮助家长朋友改善家庭氛围,实现家庭生活的爱与幸福,促进家校合作,形成合力,携手共进。

2.以张佩蒂班主任工作室为依托,引领班主任队伍专业化建设

学校以杭州市首批中小学班主任工作室的建设为契机,创建张佩蒂班主任工作室德育队伍建设平台。班主任工作室以"研修的平台、成长的阶梯、骨干的摇篮"为工作宗旨,充分发挥名班主任的示范、引领、辐射作用,以"骨干引领—科研推进—专业成长"为基本目标,破解新时期班主任工作中的重点、难点问题,通过读书交流分享、学习考察观摩、教育问题诊断、主题论坛交流等途径,探索班主任专业化发展的多元机制,促进先进理念的推广和优秀经验的辐射,引领学校德育队伍向素质全面、信念坚定、品德高尚、业务精湛、心理健康的班主任队伍迈进。在2016年度杭州市教育局对首批中小学班主任工作室的考核中,张佩蒂班主任工作室的考核成绩为优秀。

3.以每月班主任业务培训为主渠道,提升班主任队伍的专业化建设

近三年,学校尝试将班主任会议的形式以专业化业务培训替代以前的事务性工作布置,对引领德育队伍的专业化建设具有实效性。如:学期伊始,向全体班主任推出了"新学期、新契机——抓住德育关键期"的专题培训;采用"三部曲",梳理准备工作,细说班级情况,展示学习情况,为全体班主任进行了学期班级家长会如何准备的专题培训;面向全校老师推出了"中职班主任如何做德育研究"的专题培训;就如何召开好主题班会进行了专题听课、评课;等等。

4.以"阳光德育研修团"为载体,促进年轻教师的专业发展

2016年3月,以研究"阳光德育"方法,提升教师德育效能为宗旨,成立了学校"阳光德育研修团",全校22位年轻教师在这个团队中进行了为期一年半的学习,期间每2—3周进行一次集体研讨活动,内容涵盖了"阳光德育"的理论学习和实践

研究;讨论实施"阳光德育"所遇到的困难,共同寻找解决问题的有效方法;形成德育联盟,为小组成员提供团队支持和正能量,促进小组成员的专业发展;引导教师研究如何建立"成长性"的师生关系,更好地促进师生双方的共同成长;进行德育案例的分析与督导;安排教师交流分享在德育过程中的个人心得和有益经验。学校通过"阳光德育研修团"这一载体,令年轻教师形成德育联盟,为研修团小组成员提供团队支持和输送教育正能量,促进每个小组成员的专业发展。

5.以全员德育培训为契机,提升全校教师的育人水平

近年,学校以心理健康教育C证培训为载体,进行全校教师的德育业务培训,通过心理健康教育专题培训,提高教师的心理健康水平,并在教育教学工作中自觉运用心理健康知识及心理辅导方法和技巧,帮助学生解决学习生活中遇到的一些心理问题,从而提高教师的育人技巧。2017年6月全校教师持有C证人数达到了50%,计划到2019年,80%以上的教师将持有C证。

"阳光德育",幸福旅职。近五年,学校秉承温暖而坚定的德育理念,采用由内而外、内外兼顾的德育方法,以培养学生职业道德素养和专业素养为基础,以培养学生具有"尚美、阳光、精技、致远"的核心素养为标准,进一步打造校本化的素养提升体系;借助"五大仪式"教育工程、"三全"心育工程、"职业梦工厂"等工程,以"阳光德育"体系为载体,采用一二三课堂联动机制,丰富学生核心素养培育途径,优化核心素养评价模式;以德育导师为主线,强化核心素养育人团队的专业化,从而构建学校、家庭、社区和企业四位一体、共同参与的中职学生德育工作网络,进一步达成了学校"具有从业能力,具备发展素质"的培养目标,使学生的发展有空间、可持续,成就学生幸福人生。

二

丰 厚 学 养 篇

积极心理助成长，相亲相爱园林人 *
——我校班级共同体在始业教育的实践与探索

王　婷　夏嘉平

【摘　要】笔者以及所在的团队，针对中职生进入职校学习过程中出现的问题，从积极心理学的视角出发，以"园林一家人"为契机，以班级共同体为形式，进行了一系列的实践，有效地增强了学生对自我、班级以及专业的认同感，培养了学生积极、健康、向上的精神面貌。

【关键词】积极心理学；班级共同体；始业教育

一、中职生在始业教育阶段的心理问题及其原因

（一）心理问题的表现

通过近几年的教育实践与观察，笔者发现中职生在始业教育阶段存在以下问题：

图1　中职生在始业教育阶段经常出现的问题

---

* 本文获杭州市第十九届中等职业教育专项（教育教学）论文评审一等奖。

1.理想与现实的矛盾

中职生进入职校之后,自认为已经长大,也希望在专业上有所作为,成就自己的事业。同时,由于自我控制能力较弱、学习的目标不明确等,导致一部分中职生在进入职校之后,不知所措,漫无目的,成天无所事事。

2.独立性与依赖性的矛盾

正值青春期的中职生,不断地追求着自身的独立。但是,受各方面因素的限制,他们进入职校以后,在学习与生活上极大地依赖着教师与家长。特别是当一部分学生因为路途较远,寄宿在学校时,各种各样的问题与矛盾便接踵而至。生活上的自立性差、自我约束能力弱等问题,又影响着中职生的方方面面。

3.成才欲望与目标迷茫的矛盾

在进入职校的初期,他们对今后的人生以及未来有着美好的憧憬,渴望今后走上工作岗位之后,能够有一番成就,有着强烈的成功欲望。同时,中职生缺乏学习的耐心,在坚持一段时间之后,极容易随波逐流,更有一大部分学生处在目标迷茫的状态,这给进一步学习深造、工作都带来了极大的挑战。

4.自卑情绪的反复出现

在进入职校之后,学业上失败的阴影始终笼罩在部分学生身上。自卑情绪又不断地影响着他们的为人处世以及自信心,做事畏首畏尾,生怕做错事情,更缺乏一种责任与担当。

(二)问题背后的原因

很多中职生在进入新的环境之后,全新的授课模式,全新的人际关系,各种各样的生活背景,都在一定程度上加剧了部分学生的焦虑与彷徨,也使部分学生在始业教育阶段就迷失了方向,失去了信心。此外,部分学生带着学业失败的阴影,来到中职学校学习,也依旧保留着以前不良学习方法与思想包袱。

如何扭转现状,使学生能够以一种积极健康的状态投入中职阶段的学习,成为中职学校面临的第一课。

二、从积极心理学视角,破解中职生心理问题的路径

(一)积极心理学的概念

积极心理学是 20 世纪末西方心理学界兴起的一股新的研究思潮,主张研究人类积极的品质,充分挖掘人固有的潜在的具有建设性的力量,促进个人和社会的发展,使人类走向幸福。

它强调把帮助所有人追求幸福作为自己的价值追求;着力研究每一个人所具有的积极方面;强调对问题做出积极的解释或看到问题的积极方面。

(二)在园林专业,构建班级共同体的必要性

1.薄弱的学习基础

园林专业 13 级学生的现状:相对于其他专业,园林专业的学生,在学习基础以及学习能力上的表现较弱。13 园林 1 班的学生语、数、外三门课摸底考的成绩排名较差,分别为 16,18,17(注:全年级共有 18 个班级);13 园林 2 班的学生语、数、外摸底考成绩排名为 18,14,18。13 园林 3 班的学习成绩也不尽如人意,语、数、外三门课的成绩均在十名左右;13 园林 4 班的成绩相对较好,位于年级前列。从数据的对比来看,13 级园林专业的学生总体成绩处在全年级学习成绩的最低洼地带,学习成绩上的表现也一定程度上折射出园林专业学生在其他方面的能力也相对较为薄弱。

2.不理想的专业意愿

从学生生源的构成来看,1 班、2 班为中考直升生班,共计 67 人,均未参加中考,直接由面试进入园林专业。同时,第一志愿填报园林专业的学生为 17 人,其他 50 人均为从其他专业调剂到园林专业的。3 班为园林 3+2 班级,第一志愿填报园林专业的人数为 17 人,其余 20 人均是从旅游专业、酒店专业以及金融专业调剂过来。4 班为园林五年制班级,第一志愿填报园林专业的学生为 19 人,其余 19 人均

从其他专业调剂过来。所以,学生在专业的认可度方面有所欠缺,缺乏相应的认知,从而导致学生有一种被动情绪。

具体数据详见表1:

表1　13级园林专业学生生源意愿统计表

	13园林1班	13园林2班	13园林3班	13园林4班	合计
第一志愿填报园林专业	8	9	17	19	53
被调剂进入园林专业	26	24	20	19	89
合计	34	33	37	38	142

3.班主任团队缺乏经验

从纵向来说,13级园林专业班主任,相对于12级、11级园林专业班主任来说,工作年限普遍较短,工作经验不足,需要相互学习,共同提高;从横向来说,相对于酒店专业、旅游专业、商务助理专业以及金融专业来说,13级园林专业班主任的实力也较弱,明显处于劣势。

具体的数据如表2所示:

表2　13级园林专业班主任工作年限统计表

班级	13园林1班	13园林2班	13园林3班	13园林4班
工作年限(年)	3	0	1	2

但是,与此同时,相对其他专业的班主任团队,13级班主任虽然在经验上存在着这样或者那样的问题与不足,但是,13级园林班主任团队有着强烈的学习动机,有着强烈的愿望,有着强烈的团队合作精神,所以,应组建班级共同体,以团队之力,解决教育教学过程中存在着的普遍问题,进而促进13级学生的共同提高与发展。同时,在合作与互助中,实现班主任的共同成长。

（三）破解中职生心理问题的路径

始业教育阶段的中职生需要什么？除了给予相应的专业教育,他们更需要一种自我的认可,如何在实践活动中给他们注入正能量,逐步建立起自信心,显得尤为重要。

在共同体的视角下,班主任以团队的形式,各取所长,各补所短,在一种合作、研修与研讨的氛围中,针对始业教育阶段的共性,尝试着以"园林一家人"为契机,让学生朝着共同的目标,通过共同的实践与体验,进行中职生的始业教育,实现每一个班主任功能发挥的最大化。

具体的思路如图 2 所示：

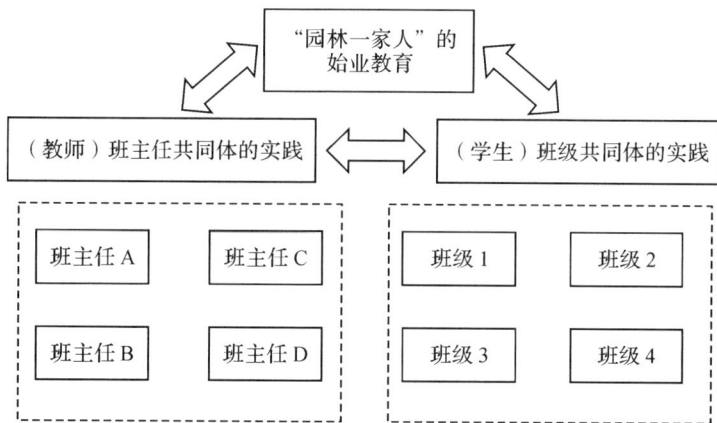

图 2 "园林一家人"始业教育构想图

同时,从积极心理学视角来说,可以围绕"积极的认知、积极的情绪、积极的行为、积极的特质以及积极的组织"五个方面,适时开展一系列活动与实践,为他们注入正能量,以积极的环境孕育积极的文化,进而促进他们的提高与发展。

思路如图 3 所示：

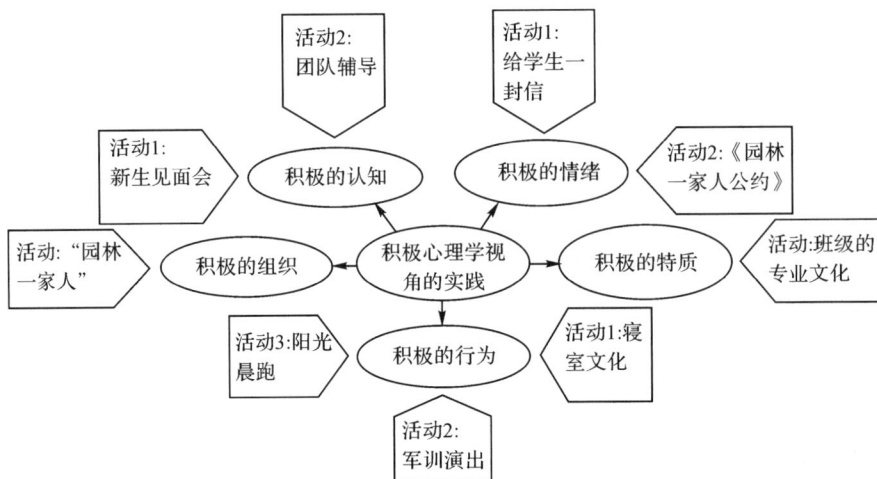

图 3　积极心理学视角的实践构想

三、班级共同体在始业教育阶段的实践与探索

（一）积极的认知

1. 新生见面会

为了给新生注入正能量，专业部召开了新生见面会，邀请优秀毕业生、技能特长生以及普通学生等，树立中职生成才有望、升学有道、创业有路的理念，让他们拥有共同的认知与体验。

图 4　新生见面会现场

2.团队心理辅导

为了给学生的发展注入正能量,进一步推进班级共同体的建设与发展,笔者团队从积极心理学出发,从德育课程以及班会课两个角度出发,来进一步推进学生对班级共同体以及"园林一家人"的认同,提升学生发展的空间,以一种更为积极、健康的心态融入班级,笔者团队先后从以下几个方面开展了团队心理辅导与实践。

(1)班级团体心理活动课一:"职高的天空一样精彩"

帮助学生进一步了解职业教育,了解专业,加强对专业与职校的认同感。引导学生转变观念,树立"三十六行,行行出状元"的职业观与人才观。

(2)班级团体心理活动课二:"远离自卑,树立自信"

引导学生"撕掉"消极的自我标签,给自己"贴上"积极自我标签并不断强化,帮助学生战胜自卑,建立自信。

(3)班级团体心理活动课三:"做最好的自己"

引导学生正确认识自我,提高自我意识水平,主动克服自身的弱点与不足,不断完善自己,开启职高全新的生活。

(二)积极的特质——班级专业文化的营造

1.活动背景

为了有效地增进学生对专业以及对班级的认知,笔者以及所在的团队在开展班级专业文化的营造过程中,努力从专业文化作为突破口,以植物文化为内涵,以植物所赋予的品质进行个人品质与特质的优化,实现学生的内在自觉与提高。

2.开展活动的过程

(1)专业文化的普及与推广

以专业部层面为出发点,布置设计班花、班训以及班徽的任务。

班花、班训以及班徽的推选与设计任务

A. 班花:选一种班花,能够代表班级的气质,以植物为内涵,深入挖掘班级的文化。

B. 班训:拟写一段话,用以表现班级的奋斗目标,或者班级的状态。

C. 班徽:绘制班级的班徽,将班花融入其中,营造一种积极向上的精神风貌。

(2)我参与:班花,我来选

为了进一步地提升活动的举办效果,笔者所在的团队进行了班花的推选工作。

班花,我来选

亲爱的同学:

您好!

作为园林的学生,我们都知道植物有着深刻的内涵,能够激励着我们不断努力,奋进向前,现在学校要求我们亲自为班级选一种班花,请您推荐一下,并说出您的理由。

班级	班花	推荐理由

以1班为例,全班共有34名学生,共推荐了12种花卉作为班花的备选方案,依次有菊花、郁金香、梅花、兰花等。

最后,经过全班同学的投票,定下了班级的班花为梅花。同时,取意"墙角数枝梅,凌寒独自开"的精神,将班花定为"寒梅"。整个评选过程,调动了学生们对专业的兴趣,也激发了学生的主人翁精神。

（3）我设计：班徽，我来画

为了突出和发挥学生的主观能动性，要求学生进行班徽的设计，作为班级文化的一部分。通过学生长达近两周时间的努力与改进，经专业部层面的思考与统一，最后定下了以下 4 个班徽。

图 5　13 级园林专业班徽设计图

3.活动的成效

此外，笔者所在的团队先后制定了班训、相关植物的对联等，以活动为载体，极大程度地激发了学生对班集体建设的参与性。

求知学技 德艺双馨
品德高洁 善思乐学
虚心好学 德才兼备
博学笃行 自强不息

图6 从上而下依次为1班到4班的班训

图7 从左到右依次为1班到4班的对联

（三）积极的行为

1.军训及文艺演出

（1）现状分析

如何以积极的行为参与到"园林一家人"的建设,笔者所在的团队以军训以及文艺演出为切入点,通过军训活动,增加学生对"园林一家人"以及军训活动的认同与参与,从而有效地提升学生的参与性,以积极的行为,促进学生的融合与认同。

（2）活动开展

笔者以军训为切入点,开展下列活动,从军训前、军训中以及军训后三个环节,实现了军训活动的有效落实,也有力地促进了"园林一家人"的形成。

表 1　军训活动开展表

环节	军训前	军训中	军训后
开展的活动	军训的舆论调动 军训的认识与准备 班主任团队的协商与思考 军训制度的建设	学生思想情绪的变化与诊断 军训的教育契机与挖掘 军训操练项目的落实与加强 军训演出的准备以及现场的团队精神，尤其是《园林一家人》的演出 军训会操的表现	军训的后续教育以及挖掘 军训的表彰以及"园林一家人"精神的延续 班级共同体的后续开展

图 8　军训表演现场

图 9　在场的学生与表演学生们互动

（3）活动成效

在整个军训过程中，"园林一家人"包揽了"内务先进""纪律先进""文艺先进"等全部的奖项，在荣誉的背后，是学生对"园林一家人"的认同与肯定，活动也培养了学生的团队意识与集体荣誉感。

2.阳光晨跑与素质运动会

（1）背景

中国学生的身体素质一直成为我们诟病的对象，在国家大力发展与培养学生身体素质的同时，如何提高学生的身体素质，如何让学生每天锻炼半小时，积极、快乐、开心地参与其中，这是值得我们思考的地方。

（2）开展

"园林一家人"的四位班主任尝试着以"阳光晨跑，积极健康"为理念，将四个班级的学生凝聚在一起，以身高从矮到高，排列成近150人的方阵，进行每天的阳光晨跑。

同时，班主任积极地参与到晨跑的队伍中来，与学生一同参与，有效地激发学生锻炼的积极性，也有效地促进了晨跑队伍的管理。

在长达一个学期的晨跑过程中，150余人的方阵，每一次亮相都人人齐上阵，始终保持着一种安静、整齐、积极、阳光的精神面貌，赢得了校内外师生、家长的一致认可。同时，阳光晨跑的开展有效地促进了学生身体素质的提升。

图10 "园林一家人"阳光晨跑

3.寝室文化建设

（1）活动的背景

寝室是住校生的第二个家，寝室是住校生共同的家，"家"是憩息的场所，是温暖的港湾,它需要我们用心去经营、去建设、去感受。为了引导住校生和谐相处,文明住校,园林专业部开展了"我的宿舍,我的家"寝室文化设计课业评比。

(2)活动的开展

依次有展示寝室生活场景、和谐的"全家福"照片、寝室室名与标志、寝室公约;以纯真的文字写下"我的寝室故事",描述寝室成员之间团结互助的友情;为生活中的磕磕绊绊寻找合适的解决方法,在学会相处中得到成长。

(3)活动的成效

和谐的寝室生活有力地促进了学生的发展,也提高了学生与人相处的能力。

图 11　学生寝室文化课业

4.趣味运动会

为了增进彼此的认知,"园林一家人"开展了趣味运动会,例如双人传球、趣味拔河、指尖篮球、十人十一脚等游戏,一则丰富了学生的业余活动,二则增进了相互了解,提升了同学之间的情谊。

图 12　趣味运动会现场

（四）积极的情绪

1.专业文化下的《园林一家人的公约》

（1）活动背景

为了进一步将德育管理与班级文化、专业文化有效结合,将园林植物的内涵进一步深化到日常的管理之中来,希望以植物的精神面貌以及植物的独特文化为基础,并凸显专业德育的内涵,达到润物细无声的目的。同时,将学校的德育管理制度实现简化,将日常的要求与德育管理相结合,着手打造具有园林专业特色的管理制度。

（2）活动的开展

以班级与学生为出发点,征求班级日常管理的要求以及学生的准则,并以此为依托,将植物的内涵融入学生的行为准则,将原先枯燥的德育管理制度嵌入富有生活气息与专业特色的《园林一家人的公约》中来。这充分地发挥了学生的主人翁精神,也为学生的日常管理与日常约束提供了一个很好的载体。

例如,将尊师重教与感恩联系在一起,继而用"康乃馨"来寓意,达到令学生时刻铭记于心的目的,具体的公约内容如下:

进校:按时到校不迟到,师生见面要问好（感恩的康乃馨）

集会:秩序井然静齐快,唱响国歌展风采（赤诚的红掌）

做操:铃声一响做到位,两操做好人精神（挺拔的白杨）

课堂:勤学好问厚基础,求知学技道路宽（虚心的竹子）

技能:努力实践最重要,一技在手不忧愁（丰盛的佛手）

实训:爱护公物铭记心,吃苦耐劳做事勤（艰卓的梅花）

作业:及时完成按时交,保质保量效率高（守时的向日葵）

课间:文明休息不喧闹,不追逐来不打闹（淡定的秋菊）

形象:头耳颈手不修饰,形象健康最重要（雅致的夏荷）

交往:相互尊重有礼貌,恭敬谦让要做到（谦恭的山茶）

礼仪：待人处事礼在先，言行举止要得当（内敛的杜鹃）

值日：按时到岗做最好，我为人人大家好（馥郁的丹桂）

考试：不抄袭来不作弊，诚实守信我知道（诚信的幽兰）

用餐：排队守纪有秩序，吃完餐具放整齐（优雅的君子兰）

寝室：早睡早起精神好，整洁有序胜似家（静谧的睡莲）

（3）持续传播正能量

为了进一步凸显德育的功效，实现学生的自我管理与相互监督，学生们通过所学的知识将公约制作成海报，张贴上墙，一则实现学生的自我约束，二则凸显班级的专业文化，更切实地引导学生的发展与提高。

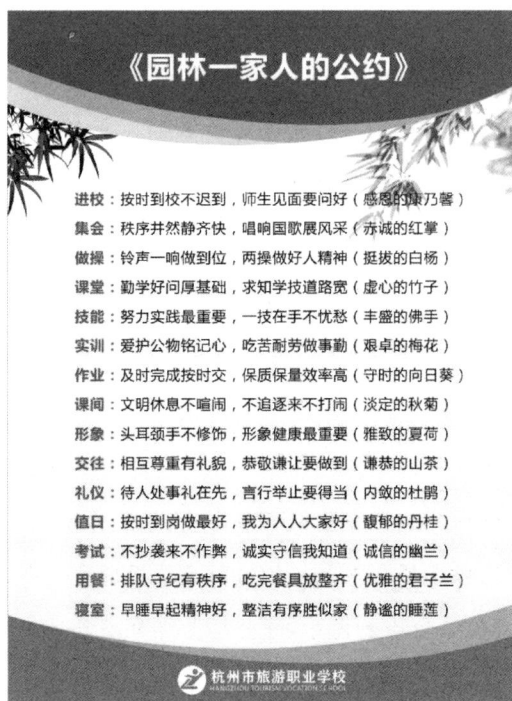

图13　《园林一家人的公约》海报

2. 每周一封信

给孩子们的一封信

13 园林 3 的孩子们：

军训结束了，此刻，我思绪万千。

孩子们，我很骄傲，我很快乐，因为你们！

刚刚接手班级的时候，沈老师是迷茫的；也许是因为你们前面已经毕业的 103 班的学生非常优秀，学校特意安排我继续接管 133 班。领导给予了我很大的期盼，他们希望看到第二个 103 班，那时，沈老师的压力真的很大。我们和 10 届是有差距的，从成绩上看我们的成绩和他们相差很多，而选拔考却不会因为这个差距而降低难度，也许你们不能了解沈老师身上的担子和心里的压力。

首先想和大家说声对不起，也许因为我的原因给大家造成了很大的压力，其实这些压力，作为班主任的我应该为大家承担。为期 5 天的军训结束了，当宣布结果的时候，我很平静，我曾经无数次的想如果没有大满贯我会怎么样，可是，当真的没有大满贯的时候，沈老师没有伤悲，所以请你也不要伤悲。这 5 天的军训，你们成长了，这就是你们最大的财富，一起成长的还有沈老师。

来到军营，成为营员，我看到了你们的成长，而这些成长足以让我感动、流泪。还记得那个站着喜欢动来动去，不安分的张军如今可以像一个军人那样站立；还记得那个歪歪扭扭的刘子浩慢慢地有了站相；还记得三个寝室长为大家细心的检查内务，陈金总是那样默默地为大家服务；还记得演出那晚，你们的武术和歌声让我陶醉；还记得当成绩公布时，张小丽和几个女生难过得哭了，林伟难过得坐在一边一声不发；还记得我们那两个很帅的排头兵；还记得尽管伤痛困扰着你们，但你们咬牙坚持下来了，没有做逃兵；我们每一个人都用尽自己所有的力量喊着口号，唱着军歌，那一刻,你们是最棒的。

说实话,沈老师是一个很感性的人。当看到教官体罚你们的时候,转过头去,泪水总会情不自禁地流出来。我总是害怕你们会放弃,会产生逆反心理;但是,你们比我想象中更坚强和懂事,我想你们一定明白今天所有的苦和累,只是为了让班级可以更好。也许我们少了一张奖状,但这中间有很多客观的原因,在我的心里,你们真的很棒。作为你们的班主任,沈老师真的很荣幸,谢谢你们给予我的所有感动,也谢谢你们给予我的所有的力量。

感谢军训,让我认识了真正的你们;感谢军训,让我感受到了团结的力量。今天我从你们的身上看到了一个团结的班集体,看到了一个积极向上的班集体,看到了一个充满希望的班集体;而这一切,足以让我有信心陪伴着你走完高中生涯。

孩子们,我们的路还很长,沈老师总是想着我们可以完完整整地走完这5年,不管是在旅职,还是在万向。沈老师希望我们每个人之间都没有芥蒂,我们是一个班集体,我们每个人之间将要拥有5年的友谊,如果我们每个人对别人都宽容一点,每个人的心里都装着班级的卫生、班级的荣誉、同学的成绩,那么,我们该会是多么温馨的大家庭,和谐而又温暖。

当沈老师陪沈红从医院回来后,走进教室,何艳艳和张欢最先问我:"沈老师,她怎么样了,还好吗?"那一刻,我的心是暖暖的。有些爱总是那样打动着我,谢谢你们!我在想,回到了学校,我们能不能把这种爱也放到平时的课堂,放到平时的学习时间上呢?当你上课想和别人讲话的时候,你是否应该想想,不可以这样影响别人;当看到别人上课开小差时,你是否也可以善意地提醒一下;当自修课上你打算和别人讲话时,你是否可以想想不能影响其他同学,有些话是不是该留到下课再讲呢?我们能不能紧紧握着彼此的手告诉对方,告诉自己,我们一定要一鼓作气,一个都不少地走进万向职业技术学院。如果你数学好，你能教教那些数学不是很好的同学吗？如果你英语好，你能带着英语不好的同学一起学习和进步吗？如果你专业很好，你能帮助那些专业不好的同学吗？还有好多好多的责任是需要你们扛起来的。

真的有好多好多的话，在我心里。很荣幸在 2013 年 9 月与你们相遇，成为一家人。很感谢在成长的路上有你们的相伴，也期盼着这三年里，我们能紧紧地依靠在一起，共同努力，共同进步，希望有一天，当送走你们，迎来我的下一届学生，我也可以幸福地说起和你们在一起的点点滴滴，我也可以一直因为是你们的班主任而自豪下去……

沈　菁
9 月 25 日晚

反思总结：

在军训结束后我在 QQ 空间里发布了这样一篇文章，不到 1 个小时的时间就收到了同学们的热情回复。我从一个朋友的角度，把自己内心最真实的东西告诉了我的学生，我相信对于学生来说这样的触动会很大，这样的教育是意义非凡的。一直到现在，我与我的学生总会在 QQ 中互相鼓励。网络不应只局限在学生与学生、学生与社会之间，它更应作为一种无形的桥梁，起到德育教育的作用，作为一种无形的力量，推动社会文明的进步。

四、班级共同体取得的成绩与不足

（一）班级共同体取得的成绩卓有成效

1. 专业文化引领学生发展

园林一家人以植物文化为依托，以物喻人，调动了学生们的主动性与积极性，促进了学生们的发展，也较好地让学生融入今后的学习之中。以专业文化为契机，共同体的专业始业教育也营造了较好的氛围,进一步提高了学生学习专业的兴趣与主动性。

2.积极面貌促进学生成长

"园林一家人"在始业教育阶段取得了巨大的成绩,仅以新生军训文艺演出为例。

凭借着"园林一家人"的实践,园林专业赢得了军训文艺先进。此外,2 班和 4 班也荣获了军训活动的"大满贯"(详见图 14)。这也在一定程度上奠定每一个学生对班级共同体的认可,也进一步肯定了所做的努力。

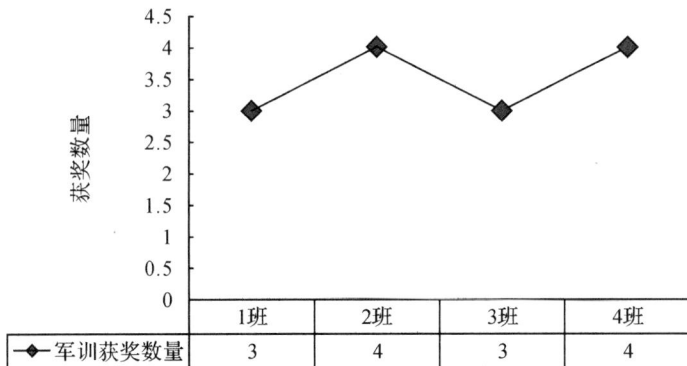

	1班	2班	3班	4班
军训获奖数量	3	4	3	4

图 14　园林专业部 1 班到 4 班军训获奖情况

3.行为习惯助力学生进步

"园林一家人"在高一第一学期中,在行为习惯的养成上,取得了巨大的进步。日常行为规范中,无一人出现打架等违纪现象;考试过程中,诚信应考,无一人作弊。此外,在学校的各方面的考核中,园林一家人也一直名列前茅。

(二)学生的认同感与归属感增强

1.学生的自我认同——以 13 园林 1 班秦跃为例

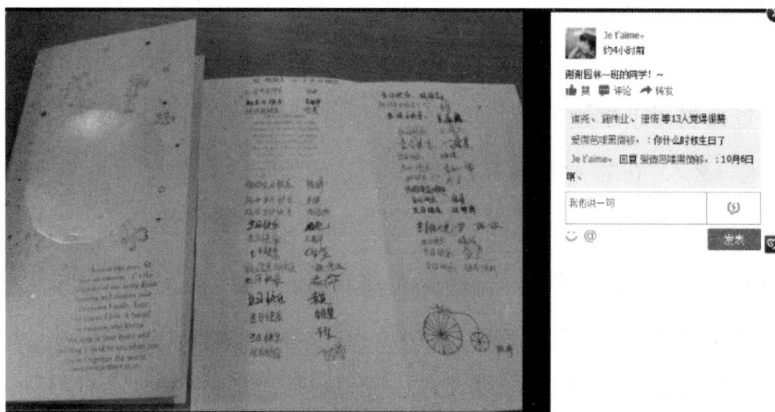

图 15　秦跃同学 QQ 空间截图

学生感言（秦跃的感受）：

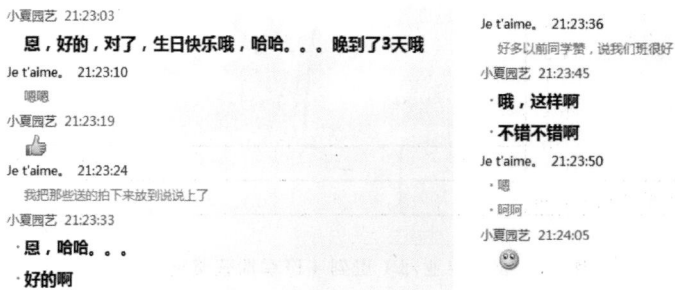

图 16　秦跃同学与同学 QQ 聊天记录截图

2.学生的班级与共同体的认同——以 13 园林 3 班军训一封信为例

一次最强有力的爆发

——记数学课上的一次教育

军训结束后的一周,陆陆续续有任课老师向我反映:班级里有几个学生冒出来了,总和同桌悄悄地在下面讲话,一讲就没完没了,提醒也达不到效果。针对这样的现状,我寻思着该如何教育才能使学生明白道理,有所改进。

通过数学课还有数学作业,我慢慢发现D君存在抄作业的现象,这一次,我想从一堂数学课下手。我选择了一节习题课进行教育,一来不会影响我的正常上课进度,二来正好可以通过对学生的提问检验他们的学习效果。上课刚开始,D君又开始讲话了,我先对D君的行为做了一次提醒。可是提醒过后5分钟他又坐不住了。

"D君,你来回答这道题目。"我说。

D君缓缓地站起来,沉默一会,低下了头:"我……不会。"

"你不会,所以你和同桌和前面的同学讲话? 你不会,所以你可以不参加或者无所谓高三的3+2班选拔? 你不会,所以你可以影响别人的学习? 你不会,所以你可以违反上课的课堂纪律?"我一连串问了很多的反问句,将语调一次次地提高,说到激动处,我大声呵斥道:"给你一分钟的时间,把位子搬到最后一排,好好反省反省,你搬好,我上课!"在全班同学的目光下,D君把座位搬到了最后一排。

数学课后正好是体育课,走进教室,我发现教室里只有D君一个人,他没去上课而是坐在最后一排哭。我走过去轻轻地问:"怎么不去上课?"

"不想去。"

"是因为我刚才在课堂上说重了吗,如果是,沈老师向你道歉!"

"老师,不用你道歉,是我自己错了!"

接下来,我开始我的说教。"你上课讲话已经不是一天两天了,我想你自己应该知道。沈老师很急,你知道吗? 在我的眼里,你有很好的动手能力,有很好的计算机知识,这都是你的财富。沈老师这段时间都在想能不能推荐你去参加创新比赛,让你有发挥自己长处的地方,可是你上课讲话,影响别人的同时也在影响自己。如果学习受到了影响,那么谈何参加比赛,谈何自我发展? 沈老师不是一定要为难你,让你坐后面只是想让你想清楚,如果你想清楚了,以后可以克制自己少讲话,最好能做到上课不讲话,那么你就自己坐回原来的位子。"

接下来的几天,我加强了上课期间的班级巡视,不仅是 D 君,班里其他同学都明显上课不讲话了。星期五的时候 D 君来找我,和我说他坐回去了,并且答应我一定好好学习,好好做园林方面的技术研究。12月的时候,我接到了 D 君家长的电话,电话里 D 君的爸爸很激动地和我说:"沈老师,自从那件事后,我儿子长大了很多,这两个月在家里,除了做作业就是在做'大盆雨水净化器'研究,可能年前就能做好模型和初步装置。真的谢谢你,我儿子和我说,班主任那么看重他,他一定会好好学下去。"

反思总结:

D 君在班级里是一个理科比较好的学生,可能是因为动手能力强,上课也特别好动爱讲话。从在课上的公然批评,到批评过后的个别鼓励,我的这次爆发,给人"恨铁不成钢"的感觉,也让 D 君有了从不能接受到自责的心理变化,这样的教育必定在他的成长过程中有很大的触动,让他有全新的成长。同时对班上其他爱讲话的孩子来说,这又是一次下马威的教育,看到 D 君之后的改变,相信也可以在班级中起到一个教育和带头的作用。

3.学生的专业认同——以 13 级基地创业实践为例

笔者以创新创业为契机,给予学生一种创新创业的体验,并让学生参与其中,从高一年级入手,感知与体验创新创业实践,也在其中让一部分学生从中渐渐地脱颖而出。正如杨一帆同学在 QQ 空间中的感受:

"参加创新创业对于我来说是一个全新的契机,从初中起我就很少参与团队活动。起初加入'绿手指'的大家庭,继而参与到学长们的创业活动中,在这途中,无论是义卖活动还是组合盆栽制作,无疑都锻炼了我的团队合作能力。能够拥有自己的创新项目是我意想不到的。在这期间，由起初的极不习惯慢慢转化为熟练，这对我来说更是一个欣喜的变化。

"创新创业更是让我认识了很多好队友，在与他们的交流中提升了我对自我的认识以及整体的核心价值。

"将来的路对我来说是未知的，但每一次的过程都是锻炼我本身的一次又一次机会，我也会努力地去面对接下来的考验。"

图 17　学生参与"踏花行"亲子游创业实践

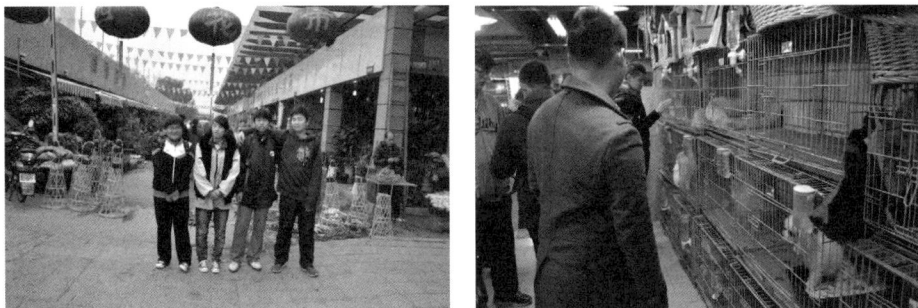

图 18　学生参观花鸟市场，调查创业商机

（三）存在的问题

1.共同体的共性与班级的个性

由于打造共同体的时间较短,这里主要围绕着共性方面的探讨。相应的,在班级的个性凸显与打造方面,缺乏一定深入的探索。例如,如何凸显普通班级与3＋2班级以及五年一贯制班级的区别,如何做到班级评价的分层等问题上,仍需进一步地思考与解决。

2.共同体的发展目标与层次递进

由于共同体的尝试缺乏实践经验,再加上没有同类学校在中职学校进行过尝试,所以,目前仍旧处在"摸着石头过河"的状态。各年级的任务、各层次的要求,都有待我们进一步地思考与探索。

五、结语

班级共同体以及"园林一家人"在始业教育阶段取得了一定的成绩,但是,更需要一同努力,尝试在积极心理学视角下中职学校班级管理与德育管理的探索与实践,推动班级共同体的纵深发展,更好地服务学生的成长。

参考文献:

[1] 任俊.写给教育者的积极心理学[M].北京:中国轻工业出版社,2010.

[2] 周嵚,石国兴.积极心理学介绍[J].中国心理卫生杂志,2006(2):129-132.

[3] 马丁·塞利格曼.真实的幸福[M].洪兰,译.沈阳:万卷出版公司,2010.

[4] 任俊,叶浩生.积极人格:人格心理学研究的新取向[J].华中师范大学学报(人文社会科学版),2005(4):120-126.

[5] 马丁·塞利格曼.持续的幸福[M].赵昱鲲,译.杭州:浙江人民出版社,2012.

[6] 刘翔平.当代积极心理学[M].北京:中国轻工业出版社,2010.

德育请不要"提速" *

——中职"慢"德育的实践与探索

徐敏杰

【摘 要】"欲速则不达"不仅是一种处世哲学,也是对学校德育工作的一个警示。当前很多的德育教育都是在技术至上、追求功效的指导思想下展开的。而事实上,这种急功近利的教育可能带来的负面效应扭曲了学生发展的自然规律,人为地加深了学生与老师之间的隔阂。笔者在职业高中担任了九年的班主任工作,在德育工作中同样也碰到过很多困惑。通过多年的思考和实践,笔者认为德育应以"慢"为要。本文将阐述笔者"慢"德育的理念和具体措施,与大家一起分享与探讨。

【关键词】快;急功近利;慢;德育

一、中职德育工作中的"四快"误区

从传统意义来说,中职学校学生从小学到初中由于长期受应试教育的冲击,一方面他们最终未能实现夙愿,遭受挫折,成为失败者;另一方面他们由于长期压抑自我,缺少释放的机会而对学校产生不满与愤懑,习惯放纵与自由,在一定程度上增加了职业学校德育工作的复杂性与难度。职业学校由于起步较晚,尚未形成体现自身特色切实可行的措施来进行对学生的德育工作,同时来自各方面的声音又要求职业学校能在短时间内改变存在于学生身上的德行缺陷,造成了当下中职德育教育中的"四快"误区。

---

* 本文发表于《成长》杂志 2014 年 2 月刊。

1.社会期望要求德育"快"

众所周知,我国正处于高速的经济发展周期,需要大量高技能、高素质的技术人才。我们职业学校正是培养技术人才的主阵地,肩负着为社会输送此类人才的重任。但事实上,技能的培养可以框定在一个具体的时间段内完成,道德素质的培养却无法在短期内完成,更不可能像生产线一样,开足马力模式化生产,因为每个学生品质的形成都是不一样的。

2.家庭期望要求德育"快"

当下,有的学生家庭和睦,四个祖辈、两个父辈共同守着一根独苗,溺爱之情无以言表;有的学生却因父母离异,缺乏关爱,疏于管教,家庭德育效果大打折扣。但当他们的溺爱使孩子滋生不良习惯的同时,却要求老师承担所有的教育责任,以期改变孩子,并且希望速度越快越好。教师俨然成为青少年德育工作的第一"法定责任人"。

3.学校德育管理要求德育"快"

学校每年都有很多德育活动,并会以班级为单位来进行评比。当班级在评比中处于落后或出现问题时,各级分管德育的领导会从全局管理角度出发,督促班级限期整改。在这种情形下势必会让班主任产生压力,并带领孩子们一起义无反顾地往条条框框里钻,想方设法地去尽快改变班级的现状。

4.教师自身发展要求德育"快"

许多班主任工作态度积极上进,带班过程中竞争意识十分强烈,任何活动都要求学生力争上游,有的甚至给自己和班级制定了苛刻的几年规划。上进的态度无可厚非,但过于片面地追求立竿见影,会直接影响到管理班级的方式和心态。任何事物都需要尊重它的客观规律,德育"快则失态,慢则从容。快则失智,慢则灵活"。

正是由于以上原因,德育工作中很多教师为更好地对学生进行管理采取了多种措施和手段,以期达到激励学生的目的。但教师的各种极端做法时有发生:如让抽烟的学生贴上"抽烟生"的标签去抓下一个抽烟的学生,如此才能摘去标签;对所谓的"问题生"采取集中教育等。这些做法都是教师急功近利的表现，从根本上伤害了学生的自尊，损害了教育管理者的形象，同时也不利于德育教育的开展和实施。

二、"慢"德育的提出

希腊神话中，科林斯国王西西弗斯生前犯了罪，于是神决定惩罚他。惩罚的内容就是推一块巨石上山，推到山顶后巨石马上会滚下来，他只有再推上去，而巨石又会再滚下来，就这样周而复始，没完没了地做无用功。可能很多职校的班主任在教育学生的时候也会感觉自己像神话里的西西弗斯，教育过程中付出了艰辛的努力，但教育效果总是不断反复或收效甚微。

事实上，这样的情况在我们教育过程中是很普遍的。教育的对象是人，而人的道德、价值观是无法用反复叠加的教育方式来积累的。这些介于观念和行为之间的东西在学生身上会不断迂回、反复。从这个意义上来说，笔者认为，首先德育工作者应当有一颗丰富、柔软的心，随时做好应对繁杂多变的人性的准备。人性的复杂性、流变性决定了学校德育必须是慢功夫，尤其我们面对的是未成年群体，更需要在"慢"中把学生引向人性的正道、大道，而非在"快"中把学生塑造成学校想要的标准样子；其次，高中生正处于人生观、世界观、价值观初步形成时期，其自我认知已开始呈现，"贴标签"式的管理方式赤裸裸地伤害了学生的自尊，导致其对教师、学校产生不信任感，进而对学习、德育教育以及学校管理产生逆反心理。德育不能急功近利，它是一个长期而漫长的过程，作为班主任我们应该耐下心来，慢下来，注重德育过程的一贯性和持续性，主张学生在"无痕"中接受道德教育。学生在自然的成长和生活过程中接受行为规范，就能避免他们产生抵触、厌恶、对立等消极情绪，从而乐于受教。"慢德育"必然是渐进的，不是一朝一夕短时期内所能奏效的。品德修养最根本的办法是在日常生活中，从每一个细节、每一件事情做起，通过习惯性的反复陶冶和行为规范的多次重复，逐步完善。这是一个循序渐进、积小善成大德的持续培养过程。因此,目前学生管理中德育工作急切呼唤"慢德育",德育工作应该"随风潜入夜,润物细无声",在潜移默化中影响着学生的心灵。

三、"慢"德育的实施策略和实践

寻求更好的学生管理方式是很多班主任追求的目标,笔者通过实践摸索出了许多"慢"节奏的有效管理方式。归根结底,对学生的管理应在以下三方面体现"慢德育"的教育智慧和教育爱心。

1. 战略上"不分层",战术上"分层"

案例1:

我班某徐姓男生在校的前两个学年,迟到是家常便饭,上课又懒懒散散,经常睡觉,被老师和同学戏称为"特困生"。转眼来到了三年级,班上大多数同学在三年级暑期将开始参加实习,他也是其中之一。我对他的实习前景非常担心,也特意给他单独制定了很多奖罚措施,但他在实习两周后就因经常迟到被退了回来。当他被退回来后,我并没有执行惩罚措施,而是先详细询问了情况,再耐心地跟他做了交流,并又给他安排了一个实习单位。但好景不长,一个月后他再次因同样的原因被退了回来。当时我真的气得头顶冒烟,心里发誓一定要好好惩罚一下他,并扣光他所有的实习学分。

可当他站在我面前时,我又心软了。他毕竟是个未成年的孩子,他身上的毛病可谓"冰冻三尺,非一日之寒"。我让他坐下来,心平气和地对他说:"迟到可能有各种各样的原因,但归根结底还是'懒惰'和'自私'在作怪。你有没想过,如果老师迟到1分钟,将会影响一个班的40多个学生1分钟;如果消防员晚到火场1分钟会有什么后果?如果警察晚到事发现场1分钟会有什么后果?每个人在社会中都要有自己的责任和担当,不能因为自己一时的懈怠而让别人承担损失。你马上就要成为一个真正的男子汉了,做事还能如此自私而不顾他人吗?再说你愿意在同学眼中永远留下'懒'的印象吗?"他听完我说的话,沉默了很久。我适时问道:"老师愿意再给你安排一个工作，你愿意接受吗？"他点点头，眼圈微微泛红。

他这次被分配在黄龙饭店的绿化部。这个部门因为要在室外作业，是整个饭店最辛苦的部门。当他知道被分配在绿化部实习时，一句怨言也没有。倒是我问了他一句："你怎么不要求老师给你安排一个轻松点的岗位啊？"他回答："老师，辛苦点应该的，我就当免费健身。"说完憨憨地一笑。在实习中期的反馈中，他受到了实习单位的点名表扬。表扬中提到他在实习中顶住了各种恶劣天气，顶住了高强度的工作，没有请假过一天。我们负责实习的老师有一次去探班的时候，也亲眼看到他在高温下整理刚被台风破坏的树木。当老师和他打招呼的时候，他已经浑身汗水，身上沾满了泥土，该老师当时连说话的声音也哽咽了。实习全部结束后，当黄龙饭店的领导得知他还不是团员时，亲自发函给学校，推荐该生入团。实习单位的领导要求学校给一个学生入团，这是对他多大的肯定啊！

战略上"不分层"是指教师在学生管理过程中应对所有学生一视同仁，不能厚此薄彼，尤其不能给学习成绩落后和行为异常的学生"贴标签"，唯有如此，才能使管理获得学生认可。战术"分层"是指教师在学生管理过程中应充分了解学生，对不同年龄、不同心理成熟度、不同性格特点的学生采取不同的管理方式。这种分层不是简单的粗略归类，而是有针对性地进行个性分层，其目的在于更好地拉近师生距离，在潜移默化中达成管理目标。案例1中的男生身上存在的懒散问题是长久以来养成的，不可能在短时间内改变。所以在教育时我区别对待，并做好了打持久战的准备。让他有足够的时间去反思自己的行为对错与否，并坚信他能改正。

2.战略上"管理"，战术上"不管理"

案例2：

我班某陈姓男生6岁的时候父母离异，监护权判给了父亲。由于父亲平时忙于生意，很少管他，平时一直由奶奶照顾他的生活。进入初中后，奶奶年纪大了，也渐渐管不住他了，该生的学习成绩急剧下降，同时还结交了一些和他一样无父母管教的少年。就这样，初中毕业后他选择直升进入了我校。正式进入我校就读后，他身上的缺点马上就暴露了出来。抽烟、打架、欺负同学、顶撞老师的事时有发生，旷课更是家常便饭。为此他在入学后的第一个学期就受到了两次处分。在接下去的时间里，尽管他的两位班主任本着教师的爱心和责任心，不厌其烦地关心他、教育他，并多次联合家长耐心做工作，但始终收效甚微。在这种情况下，他在入校的两年后被连留两级。

在我接任班主任后的第一次期中考试中，他的考试成绩还是很不理想。同学一句带有嘲讽性质的玩笑话彻底激怒了他，他忍不住动手打了人。我立即与他父亲联系，告知了情况，他父亲也马上赶到了学校。在我办公室里，父子两人言辞冲突非常激烈。他父亲说出气话："你这样还读什么书！"听到这话他转身摔门而出，留下我和他父亲在原地发呆。当时我心里想，这样的孩子还能教育吗？冷静下来后，我马上意识到：他打人固然不对，但我没有和学生本人交流前就把家长叫来，对于他这样一个敏感而又自尊心很强的孩子来说的确是种伤害。回到家我马上登录QQ，留言约他出来聊聊，他当天没有理我。第二天他父亲打来电话说他不肯来读书，我想先让孩子冷静一下也好，就同意让他在家待几天。在这几天中，我在QQ上不断给他留言，并诚恳地希望他能出来当面接受我的道歉。终于在第四天一早，他背着书包来学校了，并在教室里当着全班同学的面向被打的同学道了歉。看到这一幕，我先是诧异，继而笑了。这天放学后我约了他去肯德基吃晚餐。在吃饭时，他向我诉说了他动手打人的原因。他说自己是一个个性比较倔强也很要面子的人，成绩上的一落千丈让他在人生观初步形成时期，对父母、老师、同学产生了不满情绪，认为是父母、老师、同学联手把他害成这样的。这次考试的不理想再次使自己情绪低落，这时同学一句略微带点"意思"的话就触动了他本已十分脆弱的神经。他讲了很久很久，我一直在倾听，没说一句话。这时我想我不需要发表任何意见，认真倾听他的心里话可能是这时最好的一种交流方式。

期中考试后，他开始真正地融入这个集体，我和全班同学也开始打心眼里喜欢起这个特殊的学生。我特意安排了几位成绩较好的同学去跟他交朋友，在他学习上碰到困难时主动去帮他补课,并找机会多鼓励他。经过半个学期的努力,他的大部分科目基本可以达到及格水平,与同学的相处也十分融洽,同学们也非常喜欢和他交朋友。由于他的进步,学校在一年之内撤销了他之前的所有处分。当我告知他奶奶这个好消息后,奶奶对他的改变十分欣喜,还激动地告诉我,现在孩子放学就会按时回家,不像以前喜欢往外跑了,还时常帮她干干家务,夸他是个孝顺的孩子。听到这里,我真的为他感到高兴,也为自己的付出感到欣慰。

战略上"管理"是指教师在学生管理过程中必须针对学生特点,大胆使用积极鼓励、适当惩罚等各种管理手段。需要注意的是,应更多采用正面激励的方式而尽量少用或不用负面惩罚,努力激发学生内心的认同。我一开始对案例中的陈同学的教育过于激进,导致他的抵触,后来慢慢调整了教育方法,通过道歉、沟通、提供机会等正面的引导管理,在前进道路不断鼓励他,实践证明他真的可以慢慢进步。

战术上"不管理"是指对学生的管理应有别于对成人的管理,学生还没有形成自己的独立见解和是非观念,因此需要教师不断耐心地进行讲解、教育,使得德育工作慢下来,而非简单、粗暴地予以制止。案例中的男生是个有特殊经历的孩子,对于这样的孩子在犯错时如果一味用强,效果将适得其反。如果这时我们抛开规则,采取"不管理"的态度,真正以平等的姿态与他们去交流,孩子的"德育智商"才会慢慢提高。

3.战略上"师导",战术上"生教"

案例3:

我班里有一位王姓女生,是家里的独生女,家境优越,从小娇生惯养。在家里父母几乎不让她干家务,是家里的小公主,而且从小学到初中都是住家里,没有过过宿舍集体生活,因此不太会与人相处。刚到高中的时候她很不习惯,跟室友关系也不太好,时常有点小矛盾。同宿舍的人都嫌她太娇气,轮到她值日时她经常不拖地,又不爱干净,经常把自己的床铺弄得乱七八糟,还爱取笑一些周边农村来的同学,不懂得谦让包容别人;学习上也很散漫,上课经常注意力不集中。针对她这一情况,我意识到要让她从根本上改掉坏毛病,首先就得从思想上改变她的认识,只有让她意识到自己的错误她才会乐意去改变。但如果通过老师去说,她会认为同寝室的同学在打小报告,不仅会加深同学间的矛盾,可能也会把我推到对立面。所以我希望她们自己的问题自己解决。因此,我找了和她同寝室的几个同学进行了交流,并开诚布公地把我的想法告诉她们。同学们听后也十分赞同我的意见,最后我还是嘱咐了一句:"大家能够做同学就是缘分,你们可要有耐心哦。"说完大家都笑了。在之后的日子里,同寝室的同学在生活学习上十分关心她,询问她上高中后有没有适应这里的生活,学习上能不能跟得上,有没有遇到什么困难解决不了需要大家帮忙的,等等。经过一段时间的接触后,她慢慢放松了警惕,把大家当朋友一样地打开了话匣子,开始和同学心平气和地讲述自己的内心想法:住校没有家里方便,洗澡要排队,在家里不用干活来学校还得拖地,室友又没有像她父母一样处处让着她,高中课程又比初中难度大很多,等等。在这种和谐的气氛下,她们慢慢变成了朋友。上学,放学,吃饭,晚自修几乎都同进同出。同龄人之间的相互交流,让她慢慢意识到同学和自己是平等的,别人没有义务为你做任何事情,也不会无条件地迁就你,该轮到你值日的时候你就得值日,这跟家里不同;必须要学会与人和谐相处,不能随便对同学大吼大叫,要小姐脾气,要先尊重别人才能得到别人的尊重。她也开始学会换位思考,而不是从自己的角度去想问题,因为那样很容易想不通,也是一种比较自私的行为,要学会去包容别人的缺点;更重要的是,她知道了高中朋友的可贵,高中阶段交的朋友是最真诚也是最长久的。

如果教师想在短时间内解决学生之间的矛盾,实际上是把自己放在仲裁者的角色上了,而这样的仲裁往往会偏向"原告"一方,"被告"一方会被暂时镇压,表面上风平浪静,实则暗潮涌动。案例3中,我在做适当引导后,把问题归还给学生,自己的事自己解决。给予矛盾双方足够的时间去反省自己,让每个人都学会换位思考。在大家对于对方都有足够的认知后,可能会有更客观的结论,亲身的体会可以对之后学生踏上社会的人际交流有所帮助。教师强制性的权威是暂时的,或许只在你管理学生的几年间能体现出来,但"生教"式的德育可能更具生命力,让她们在自主中慢慢体会。

四、结语

以上这些成功的案例源于我对"慢"教育德育理念的坚持。德育应从唯上的德育走向生本的德育,即从学生的需求出发,跟着学生需求的脚步走;把消极的德育转化为积极的德育,孩子成长中的错误也都是有价值的,我们应该观察学生内在的积极方面,从规定孩子应该怎么样走向唤醒孩子让孩子自己主动成长;把作为目的(为德育而德育)的德育转向为学生精神成长提供动力的德育;以要求说教为主的德育走向体验和自助建构的德育:德育是在人与人的接触和相互理解中完成的。德育浸润在学校平静的生活中。如果我的付出能够让每个学生健康成长,我愿意做一个德育教育中的"西西弗斯",能把他们推上山,也允许他们滚下来。这样的反复并不是无用功,所以德育请不要"提速",而应让孩子们有足够的空间和时间在上上下下中慢慢长大。

参考文献:

[1] 荣树云.提高班主任德育素质是增强德育实效性的关键[J].教育科学研究,2001(6):54-57.

[2] 关鸿羽.中小学德育实效性研究[J].中国教育学刊,2000(6):10-14.

[3] 陈桂生.教育原理[M].上海:华东师范大学出版社,1993.

[4] 南京师范大学教育系.教育学[M].北京:人民教育出版社,1984.

班级建设巧借力之"后妈"双重奏[*]

——兼论主题班会对中途接班管理的影响及成效

林　璐

【摘　要】班主任难当是中职教育一线工作者的共识,中途接班更是困难重重。然而借助主题班会活动这个学生成长的重要舞台,从班级管理的实际出发,遵循学生真实成长的轨迹,重视学生成长的阶段性与连续性,因势利导,对班级管理可以起到重要影响并取得双赢成效。

【关键词】主题班会;中途接班;班级管理

众所周知,班主任工作千头万绪,劳心劳力,而中途接班更是一件让人颇感棘手、难上加难的差事。中途接班往往意味着你要开始做"后妈"。而"后妈"这个词自古以来在汉语语境中几乎都与"毒""恶"相连,当然,学生也会很自然地用挑剔的眼光甚至抵触的心理来看待续任的班主任。以往的经验告诉我们,中途接班将面临三大实际困难:其一,错过了学生习惯养成和规范制度建立的始业教育时期;其二,会遭遇学生群体性失落感和隔阂;其三,若和学生磨合不好容易产生矛盾。卢梭讲过:教育的艺术是使学生喜欢你所教的东西。这句话从班主任角度可以理解成班主任的教育艺术是使学生喜欢你开展的教育活动。在这种情况下,"后妈"班主任想要"润物细无声"般自然地融入班集体,就必须注重中途接班管理的艺术。班级管理毕竟是以班集体为基础展开的,所以班主任教育艺术渗透离不开班级这

---

* 本文获杭州市第十九届中等职业教育专项(教育教学)论文评审三等奖。

个学生学习、生活和成长的重要且根本的场所。

班级的概念需要一分为二来理解。从组织学意义上讲,班级是学校为实现一定的教育目的,将年龄相同、文化程度大体相同的学生按一定的人数规模建立起来的教育组织。高一新生入学后所属的班级就是一个组织学意义上的班级。但是作为学生集合体,班级实体并非随班级的组建而形成,需要一个促使班级整合的纽带即班级凝聚力的形成。故而,班级凝聚力是"社会学意义上"的班级形成的重要标志。美国社会学家彼得·布劳围绕整合纽带对社会群体的重要意义,这样指出:"如果没有这样的使成员成为一个显著的社会实体之一部分的整合纽带,工作群体就不会成为一个群体,而仅仅是某个工头手下的一个由个体组成的集合。"

讲到班级凝聚力,就不能不提及主题班会。主题班会针对性强、感染力大、教育面广,是班主任实施德育的一个重要途径。它的有效开展,可以保证集体中的每一个个体——班级成员都有所收获,从而有助于学生心目中的"班级实体"的确立与班级凝聚力的形成。根据两届带班经验,我深刻意识到班级凝聚力的形成与每一次主题班会的有效开展是同步的,即主题班会教育目标越明确,教育效果越好,则班级凝聚力越强,反过来,班级凝聚力越强,越有助于主题班会教育目标的实现。班级凝聚力的创建与巩固可以通过组织不同层次的主题班会来逐步实现。在这里,我将主题班会与班级"实体"之间的相互关系用下图表示:

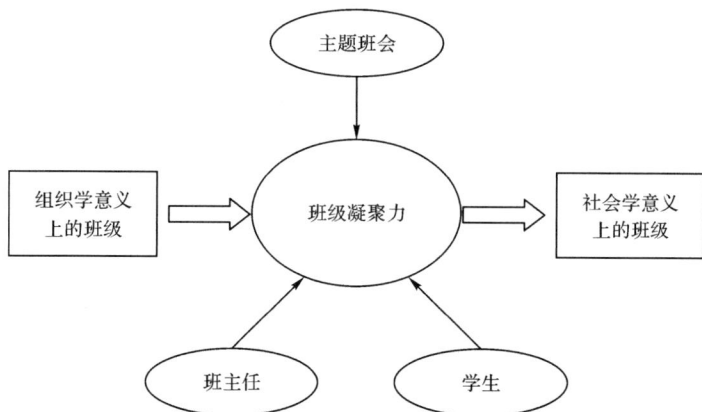

图1　主题班会与班级管理关系图

在临危受命中途接班的艰辛摸索过程中,我切实感受到主题班会对有效开展班级管理的帮助和优势,谨以最具有代表性的两个主题班会经历为佐证,记录自己的感悟,与同仁分享。

开篇乐章:新官上任——学生进言不患寡而患不均,德育常规考核办法巧调整

（一）背景与起因

开学报到就遇到三位班委口头请辞的棘手情况,这给我因中途接班早已忐忑的心情又增添了几分阴霾。虽然我用"拖"字诀暂时挽留住了学生,可也非长久之计。就在我绞尽脑汁想对策之时,几件闹心的小事儿又摆上了案头:有团员反映上学期的社团、学生会工作没有加分;卫生委员抱怨付出与收获不成正比。我想到了孔夫子所言的"不患寡而患不均",对应目前的班级现状可能应是"不患寡而患不公"。对才组建一个学期的班集体而言,学生期盼的"均"可能不仅是利益,还包括机会,如果我改变德育考核办法,做到基本的机会均等,既让学生干部"多劳多得",又能给其他同学一个"唯能力是用"的信号,应该可以开个好头。

（二）对策与做法

首先,站在学生的立场上,我对本班新学期的德育常规考核做了两个重要改进:

第一,调整顺序和语言描述。把每个模块的加分项放在前面,扣分项放在后面,摒弃"不得、不要、必须"等一系列祈使语气强烈的词眼,多用鼓励性语言和中性色彩的语句,旨在营造学生"第一眼"好印象,调动他们的积极性。

第二,打破原先常规分的构成,取消原先底分 300 分,人人皆从 0 分起步。我做了巧妙的变动,将学生必做的内容统统改成加分项。这样一来,学生做了我加分,学生做得好我继续加分,哪怕学生少做我也只扣小分,只有学生丝毫不做我才扣全分。

我利用开学第一周的班会课召集全班同学就讨论稿逐字逐句商定落实,毕竟

这是涉及学生"切身利益"的大事。过程中,有同学顾虑零起点的评分会比之前学期的分数低,我马上在黑板上给同学们算了一笔账:

若某同学坚持一周

按时早到校　+10

午自修按时进班　+10

按时上交自用手机　+10

按时上交各科作业　+25

保质保量出操或晨跑　+5

(可选)坚持一周 7:40 前到校奖励　+10

(可选)坚持一周组织纪律不扣分奖励　+5

＋　(可选)坚持一周学习态度不扣分奖励　+5

一周可得分 60~80

按一学期完整教学周 15 周计算,学生最高可获得 900~1200 分,这还不包括学生做卫生值日、参加各级各类活动竞赛的加分。所以,学生不愁拿不到分。当然,此处我偷换了概念,"某同学坚持一周"方可得这么高的分,但考察的是同学们的"必选动作",保障了班级里大多数默默无闻的普通同学的利益。

(三)成效与感悟

第一,本次班会课成功验证了心理学中的"首因效应"。"首因效应",是人与人第一次交往中给人留下的印象,在对方的头脑中形成并占据着主导地位的效应,也叫第一印象效应。我在黑板上的"一周得分"竖列加法式给了学生积极信号:做到平时该做的就可以顺利拿到足够的常规分,个别项目坚持不扣分还可以额外加分,这大大刺激了学生的正面行动导向,博得了全班同学对新德育考核办法的认同。

第二,运用"自己人效应"拉近师生距离。所谓"自己人",是指对方把你与他归于同一类型的人。"自己人效应"是指对"自己人"所说的话更信赖、更容易接受。

作为"后妈",我没有一上任就因为接手的是校区公认的"问题班"(高一第一学期学生打架斗殴、离家出走旷课、期末考试出现大面积考场作弊等违纪现象,校级处分人数高达9人)而戴有色眼镜去看待班级同学,也没有采取严加打压和严格监督的管理方式。相反,我告诉孩子们,我是他们的协助者,为同学三年职高生涯保驾护航,若是情况允许,希望能促进彼此合作,实现个人价值。双赢的思想使学生明白班主任与学生从来都不是对立面,我们其实是有着共同目标的同一战壕的战友。

第三,新的考核办法粗看之下还是有些"换汤不换药",但我达成了稳定接班的初始目的。此外,考核新办法坚持且强调了利益一致性原则,它的出发点是帮助学生而不是维护教师自己的利益或权威。学生的行为得到矫正,最大的受益者是学生本人,当然,整个班集体和班主任也是受益者。孩子们会衡量、计较"得分成本"和"违规成本",若前者比后者轻松,何乐而不为呢?孩子们很快明白了我的善意。

第四,有利于组织机构的建立与班级核心力量的培养。考核要求细化对应管理群的扩大,更多的同学参与到班级事务管理中来。调整后的班委队伍、团员同学、学科组长超过班级半数,人人有事做,又因为考核起点低,人人能做好事;考勤、纪律、学习、卫生、文体五大战线井井有条。在具体实施过程中,我大胆使用自荐和他荐双结合的方式,"不拘一格降人才",让班级学生干部新老结合。敢说敢为的同学能做纪律委员,踏实温和的同学也能做,前者便于非常时期的管理,特别是关键时刻"吼一声"比老师在台上点名有用多了,后者保证违纪情况如实记录,用性格优势和风细雨地讲清责任人被扣分的缘由,"化干戈为玉帛"。

过程进行曲——成功的班会课,让心与心贴近

中途接班,对象不是刚入学的新生,缺少了始业教育这个帮助我和学生互相熟悉、了解和认可的环节,我和学生只有之前一个学期的教学授课印象做基础,我很担心严格、不轻易谈笑变成我的标签。

(一)背景与起因

第二周班会课我借用"中国梦"大背景,以奥斯卡最佳导演奖李安的曲折经历为主线,召开了"让梦想照进现实"的主题班会。这次班会课虽然不能被称为"开门红",但给学生的启示非常深刻:这个世界不缺少想法,但缺少懂得如何实现想法的人。

借着班中孩子们"听听感动、想想激动"的势头,我思考如何用一种非常接地气的方式对他们"微言大义",希望学生能意识、体会到成长路上的关键点,做好职高生涯规划。就在我一筹莫展之际,偶然看到的亲子论坛上的一篇博文启发了我。我精心设计了围绕《射雕英雄传》两位男性角色的主题班会——为什么同样是忠良之后,高智商的杨康失败了,而智力平平的郭靖却取得了巨大成功?

(二)对策与做法

环节一:剧照铺垫,热身成功。

讨论初始,根据学生"追星"的特点,我在多媒体上投影了各个版本的《射雕英雄传》剧照,学生们如数家珍地报上明星的名字。本环节有效地调动了学生的积极性,为下一环节的开展做好了铺垫,营造了良好氛围。

环节二:人物侧写。

根据学生嘴里冒出的层出不穷的新新词汇,我趁热打铁写下了板书:

表1 杨康和郭靖的人物侧写情况

	杨 康	郭 靖
人物侧写	高富帅 小王爷 "富二代"	可能不矮但绝对很穷的"屌丝男"

环节三:对比成长经历,探讨父母在孩子性格养成中的作用。

黑板上杨康和郭靖起步阶段的优劣势一目了然,可尽管郭靖起点低、条件差,可最后练成一身绝学,成了万众敬仰的民族英雄。我抛砖引玉提问学生:是什么促使郭靖胜过杨康,难道是从天而降的好运气吗?感谢这帮"熊孩子"们,他们给了我超级经典也是我非常希望他们说的一句话:"老师,难道你不知道有句话叫'性格决定命运'吗?"

表 2　杨康和郭靖家庭资源对比表

		杨　康	郭　靖
家庭资源	生父	忠义之士	忠义之士
	生母	包惜弱,套用现在的时髦话来说就是"文艺女青年",可惜慈母多败儿	李萍,一名普通劳动妇女,但非常朴实且脚踏实地
	继父	完颜洪烈,金国王爷,但德行不足,要不然也不会欺骗民女包惜弱了	无

　　我故作惊喜,继续追问杨康和郭靖的性格差异是天生长成的还是后天环境造成的。这时候女同学比男同学心细,总结得比较到位:"俗话说得好,父母是孩子的第一任老师。既然父亲都英年早逝,只剩下母亲抚养教育孩子,孩子一开始的性格应该是受母亲的影响多,所以应该是母亲成就了孩子的性格。"

　　我故作不解:"杨康不是还有个继父完颜洪烈吗? 娘溺爱孩子,爹好不就行了呗,杨康不是小王爷吗?"这时有调皮的男同学哇哇大叫:"老师,坑爹哎,不对,爹坑儿子! 完颜洪烈为了权力不择手段,功利! 近朱者赤近墨者黑,儿子学爹,怎么还会是正人君子呢?"

　　我马上追问,郭靖为什么"根正苗红"? 学生非常机灵,电视剧功课复习得也不错,告诉我小郭靖机缘巧合遇上铁木真和第一个师傅哲别,前者是响当当的英雄伟人,后者则是部落勇士,对少年郭靖的正面教育力量非常强大。

　　我一锤定音:"请同学们头脑风暴下,想一句与'母亲成就孩子的性格'对应的话来概括下父亲在孩子成长道路上的角色吧?"俗话说得好,三个臭皮匠赛过诸葛亮。更何况我班里的"臭皮匠"有 42 个,学生们竟然很像模像样地总结出了"父亲成就孩子的未来"这样一句话。

　　环节四:梳理求学经历,挖掘内在关联。

　　分析完家庭影响,我引领学生将注意力投放到两位男主角的学武经历上。学生顺着这个思路,对比郭靖成才的经历,一致赞同:铁木真是他遇见的第一个高人(给了他不一样的平台);哲别教他骑射功夫,还让他成为拖雷王子和华筝公主的同学;黄蓉则是他生命中最大的贵人(给他自信,帮助他学到很多前辈高人的武功绝学,最终成为大英雄)。虽然杨康的启蒙师傅条件比郭靖好,前者是全真七子之一丘处机,后者是野路子的江南七怪,但很明显作为徒弟而言,郭靖比杨康更吃苦耐劳,他脚踏实地,不好高骛远,没有骄奢之风,性格决定关键。

环节五:情景迁移,对号入座。

为使学生感同身受,我借机启发:我们都知道小学优秀不等于初中优秀,初中优秀不等于高中优秀,高中优秀不等于大学优秀。因此,尽管在小学、初中阶段,杨康是优等生,而郭靖只是个刻苦学习的先飞笨鸟,但是人生是一场接力赛,笑在前面的人不一定能笑到最后。最后,我给全班同学就本次主题班会做了个总结:母亲成就孩子性格,父亲成就孩子未来,人生需要高人指点和贵人相助,而最终结果与我们自己的性格密不可分。这次主题班会课,师生思维碰撞升华了主题:可以利用现有的生活学习环境,给自己打一场"保卫战",磨炼自己的性格和意志,为一年半后的升学和实习打有准备之仗。

(三)成效与感悟

第一,从形式上讲,这种开放式探讨主题结合熟悉的情节利于学生发挥;从需要上讲,也切合学生当前的状态;从内容上讲,可以使学生们明白自己努力的重要性,达到了预期的效果。这次班会课的主题完全是误打误撞遇上的,可实际的课堂效果却让人惊喜。教育要赶巧,班主任更要善于抓住契机。这些教育契机更多地源于学生,它们就像空气一样弥散在我们的周围,是真实存在的,是学生能够亲自感知的,也是他们关心的、在意的。在这样的教育中生成的班级管理智慧才可能吸引力强、感召力大,才会真正提高教育效果。

第二,通过这次主题班会,我在思想上明确了开好主题班会对中途接班当好"后妈"的重要性。在主题班会的规划上必须结合学生实际,确立对他们有实际意义的主题。在主题班会课中,班主任更是要做好总策划者——发挥主导作用,要做好总导演——发挥指导作用,要做好参与者——发挥诱导作用,要做好局外人——

发挥引导作用。尤其值得注意的是在活动总结升华主题环节上，班主任千万不能一手包办，一定要让学生自己感知、体会、总结。

第三，为让主题班会能更好地为中途接班班级管理服务，班主任需要与学生构建除了学习以外的共同话题系统。中途接班会有一个磨合期，是师生实现相互理解、交往和成长的必经阶段。其实教育的最终目的是迁移和影响：一棵树摇动另一棵树，一朵云推动另一朵云，一个灵魂唤醒另一个灵魂。只有触及学生的灵魂，引起他们内心世界的变革，才能被称为有效的教育。在这节主题班会课上，我希望自己带给学生的是一种潜移默化的人生观影响。

一次正确的、符合班级情况的班会主题选择，能为班集体建设添砖加瓦、巩固班心，甚至能使班级"起死回生"。一次成功的主题班会课能让师生间有独特感受体会，犹如一支妙笔，勾勒出班级的精神面貌和班风学风。两个有关主题班会的故事真实记录了我中途接班的思想轨迹和真实感悟，我感受到主题班会这个学生成长的重要舞台，能切实帮助我当好"后妈"，从班级管理的实际出发、遵循学生真实成长的轨迹、重视学生成长的阶段性与连续性，因势利导对班级管理可以起到重要积极的影响和双赢的满意成效。抓住契机，运用智慧，促进生成，才有演绎精彩的可能。与班主任战线的各位同仁互勉！

参考文献：

[1] 王洁静.班集体的形成与班主任的管理策略[D].上海：上海师范大学,2007.

[2] 周世杰.班主任与班级管理[D].上海：上海师范大学,2011.

[3] 和素芳.班主任的班级管理策略探讨[J].中学时代,2012(2):39.

[4] 从郭靖与杨康的对比浅谈孩子的教育问题[EB/OL]. http://www.mayueling fans.com/forum.php? mod＝viewthread&tid＝27997

手脚五官齐上阵，酸甜苦辣皆滋味[*]

——"80后"中职女教师班级有效管理的实践研究

沈　菁

【摘　要】作为中职学校的女教师，如何让学生心服口服地遵循自身的管理，如何实现班级的有效管理？笔者以此为切入点，从自身的实际以及学生的现状入手，着手破解中职学校班级管理的难题，进而实现班级的有效管理。

【关键词】中职生；有效管理；实践研究

在社会飞速变化、竞争日益激烈的今天，中职女教师不仅要承担着来自职业的压力，还要担负着"相夫教子"的家庭重任，再加上女性特有的生理和心理的特点，使她们比男教师更易产生对工作的烦恼和压力。同时，随着经济的快速发展，社会的转型，价值观的多元变化，学生的心理和思想也越来越复杂，给中职教育者带来了前所未有的挑战。

本文从"80后"女班主任的视角，针对"90后"中职学生的特点，以亲身教育实践和案例分析，总结了有效管理的几种策略。

一、概念的界定

（一）有效管理

有效管理，Effective Management，是指企业通过分层管理，把管理融入日常

---

*　本文获杭州市第十九届教育中等职业教育专项（教育教学）论文评审二等奖。

工作,对企业实施全方位管理。有效的管理能达到一呼百应、令行禁止的效果,使企业成为一个坚强有力的整体。

有效管理可以有效地凝聚各种力量朝着既定的目标前进,从而有效地实现组织与团队的稳步前进与稳步发展的目的。笔者以为可以借鉴有效管理的模式,将其引入班级管理中,从而实现班级的有效性。

(二)班级的有效管理

对于班级的管理而言,最为重要的是让这个班级朝着自己的既定目标前进,实现班级中每一个学生的发展。在这个过程中,班主任发挥着引导和推动的作用,需要克服班级管理中存在的种种问题,例如学生学习主动性不足,课堂秩序混乱,抽烟、打架等违反校纪校规,自信心不足等问题。

如何克服学生身上存在的不足之处,将班级学生更为紧密地凝聚在一起,朝着共同的目标前进,实现学生的发展与提高,成了班主任进行班级管理的当务之急。

二、"80后"女班主任在班级管理中遇到的挑战

(一)中职生的现状

1.心理方面

中职生正处于生理与心理迅速发育的时期,生理逐渐发育成熟,但心理发育相对滞后,以至于很难正确面对思想、学习、生活及情感上遇到的各种困难,不会自我调控,他们经常会表现出压抑、烦恼、空虚、消极、自卑的情绪,自控力差,逆反心理较重。

2.个性方面

许多中职学校学生存在自卑情绪,总觉得自己前途渺茫、低人一等。但是,他们自尊心非常强,总想通过某些叛逆的行为来赢得别人的注意与喝彩。另有部分男生凡事以自我为中心,缺乏互助与团队精神,不善于沟通与交流。

3.价值观方面

由于社会上一些不良风气侵蚀着部分学生的心灵,令他们自制力差,不能明辨是非和抵制各种诱惑,从而形成了不正确的价值观与审美观。

4.违纪方面

许多学生没有较强的规章与纪律意识,也缺乏管理自己的意识和能力,如果班级没有一套完善并能切实执行的管理制度,他们就会我行我素,随波逐流。

5.学习方面

中职学校的生源基本是从初中阶段的应试教育淘汰下来的学生,学习基础和学习能力普遍较差,再加上没有升学压力,学习动力明显不足,厌学现象较为普遍。

(二)年轻女班主任的特点与问题

1.亲和力高,威信不足,容易治班无序

作为学校最年轻的班主任群体,"80后"班主任与"90后"的学生们有着得天独厚的亲近感,再加上他们时尚、外向,为班主任开展班级工作带来了诸多优势,学生愿意走近他们,愿意与他们交流,他们能够充分地取得学生的信任。但是,"80后"班主任在威信方面较为欠缺,从而给班级管理带来了一定的困难。

2.多元价值,交错融合,责任心有欠缺

由于社会的快速发展,"80后"班主任相对于其他年龄段的班主任,有着较大的区别,尤其体现在价值多元、缺乏相应的责任心上。教育教学工作需要充分的时间投入,还有大量的精力消耗,更需要责任心的全程期待与全面参与。这是问题的关键所在,也是年轻班主任带班的困难所在。

3.思维新颖,剑走偏锋,稳定性不理想

"80后"班主任大多都是独生子女,没有经历过多子女的成长环境,追求独特的带班风格,思想新颖,对学生具有较多的同情心,与此同时,又缺乏相应的规则意识,在教育教学的思想上,容易冲动,剑走偏锋,从而缺乏相应的稳定性与持续性。

三、破解现状,架构班级有效管理的思路与途径

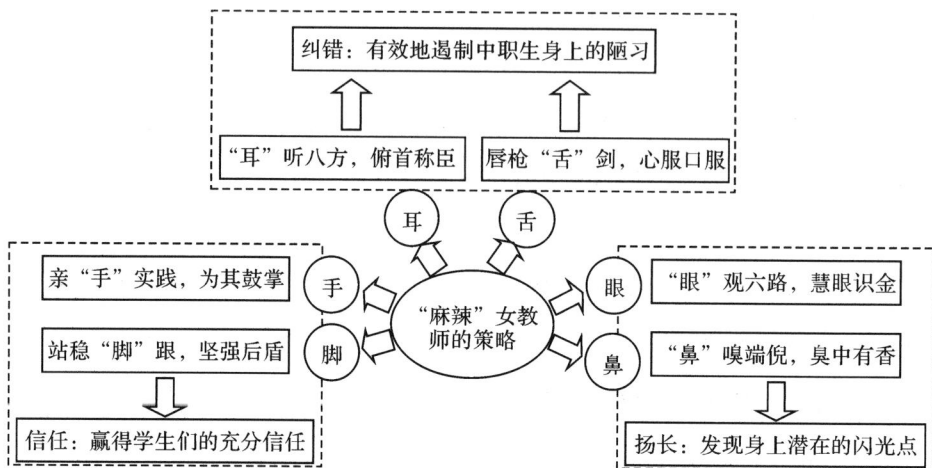

四、班主任有效管理的策略与实践

(一)纠错:有效地纠正中职生身上的陋习

1.“耳”听八方,俯首称臣

耳,人的听觉器官,可以让我们从言语中观察出点点滴滴,所以,对于班主任而言,耳听八方是一个必备的技能,可以帮助班主任对班级进行有效的管理。

(1)现状分析

“90后”的学生内心脆弱,抗压能力小,自信心弱,当你走进他们的内心世界,保护他们内心的脆弱,那么他们对你不仅是“怕”“畏”,更在于“服”。

(2)案例呈现:不要放过任何蛛丝马迹——记我与个别抽烟学生的一次较量

人物介绍:小铮,男,18岁,性格叛逆,初三下学期被初中学校开除,烟龄2年。

出现问题:开学第三周,卫生委员跑来和我说小铮总是在抽屉里塞满换洗的衣服,班长跑来告诉我小铮常常在中午吃饭过后与小荣结伴走出教室,回来的时候他俩总会在水池边又漱口又洗手,似乎想掩饰什么。凭我的直觉,小铮可能带着小荣

去抽烟了。如果事情真的是这样,那必定会有更多的人跟着小铮抽烟。

应对策略:

a.通过家长了解该生具体情况。

b.从学生口中收集信息,结合班内以及年级内的学生的说辞,我大概总结出来他们可能抽烟的时间和地点。

事情经过:

下午放学的时候,我拜托高二的一位同学帮我观察他俩的一举一动,果然放学后10分钟,我收到了那位同学的短信:"他俩在主席台抽烟!"我决定在他们回来的必经之路上和他来个偶遇!

见他俩从主席台走来,我故意大声喊住他俩:"小铮、小荣,快来帮我拿东西!"他俩靠近我的时候,只闻到一股烟味。

"你们抽烟了?"

一阵沉默。

"不说话是代表默认吗?"

"那跟我走吧!"

我径直把他们带到了专业部,这次,我该给他们一点教训,在专业部主任明确了学校的规章制度后,学校给予了他们相应的处理。

事后就这件事我在班内做了思想教育,一直到现在,学生总会问我:"老师,怎么一开学你就能发现班里有人抽烟?"

(3)反思总结

细心观察,学生的一些小动作往往会暴露出其缺点和问题。有些不好的习惯与风气必须在刚刚萌芽的时候将它扼杀,一旦更多的人抽了烟,事情会变得一发不可收拾。做一个有心人,多听,多观察,定能实现班级的有效管理。

2.唇枪"舌"剑,心服口服

作为一位班主任往往要有比学生更伶俐的三寸不烂之舌,才能在班级有效管理中树立起自己的威信,以理服人。

中职学生由于学业上受挫,往往会通过其他方法来实现心理的满足。比如,上课调皮捣蛋、起哄,顶撞老师。他们往往会试图彰显个性,寻求心理的满足。上课过程中,他总会插一句,顶一句,让课堂无法正常进行。笔者以为,班主任需要"唇枪舌剑",从而维持学生的稳定,也能够实现班级的有效管理。

(二)信任:赢得学生们的充分信任

1.站稳"脚"跟,坚强后盾

脚,人体的器官,代表脚踏实地,更代表一种立场,所以,赢得学生的信任,关键在于始终站在学生的一边。

(1)现状分析

由于职业学校的特殊性,学校中不乏特别反叛的学生,使得某些比赛和活动会出现包庇、作弊的现象。刚刚新进校的职校生胆小,很多时候他们处于弱势。这样的现象如果不制止,必定会成为一种风气。所以,正气,要在刚开学时注入。

(2)案例呈现:这一次,我是打抱不平的"超人"

11月,我们班参加了学校组织的篮球比赛,学生们都很积极地备赛,由于我班有2名校篮球社的学生,大家更是信心高涨。11月6日中午,第一场比赛,大家早早地吃好中饭,几乎全班都去了篮球场观看比赛,大概12点10分的时候,一个同学跑来和我说:"老师,那个翻分数的学姐不给我们翻牌!""为什么?你怎么不和她说下呢?""说了,她说就是不给你们翻怎么了,要不你求我!"我顿时心里咯噔了一下。比赛完后,我从高三的学生那里了解到,翻牌的学生是其他专业高三年级的学生,确实存在这样的现象,少翻或者不翻,尤其是场上有他们自己专业的同学在比赛时。我心想,下一次如果再这样,我不能坐视不管。

11月13日,班级将迎来第二次篮球比赛。这一次我早早地来到球场,故意站在看台上默默地看了 15 分钟的球赛,中场休息的时候,我走到了计分台边上,一看 10∶10,果真给我们少计了 3 分。"这个计分的同学,你好像给我们少计了 3 分,"我大声地说,"我一直都在球场里面,我懂篮球的计分原则的,你说有没有给我们少计分。"这一次,这个计分的女生什么话都没有讲,而是脸瞬间变红了。看到这样的情景,我故意大声说:"在场有哪个学生计分了,说说现在是几比几。"只听有几个高一的学生轻轻地说:"好像是 10∶13。"听到这样的回答,我提高了自己的嗓音:"如果这个比赛连最根本的诚信都没有,就没有必要继续比了,今天我不要你给我加回这 3 分,我的学生在场上比赛,输赢不重要,最起码我们要得到尊重。"我大声地说着,球场上渐渐安静下来。不久下半场开始,学生越打越勇,最后赢得了比赛。

这个礼拜的班会课我将主题定为"尊重自己,尊重他人"。我想让我的学生明白,要做一个尊重他人的人,这样不好的风气我们要遏制,尤其当我们没有受到尊重的时候,我们可以据理力争。

（3）反思总结

这一次,我在学生面前做了"英雄",事后学生给了我"女神"的称号,这在网络中是一种尊称。当学生受到伤害时,我作为一名班主任应该挺身而出,在球场上我所说的那番话不仅仅是对那位翻牌的女生说的,更是对我的学生的一种教育。如果我的学生将来有机会承担学校的各项工作,我希望他们能够记住"尊重别人就是尊重自己"。

2.亲"手"实践,为其鼓掌

手是人类区别于动物的关键所在,在日常的生活中人们总是需要用手发短信、打电话、发微博,那么以手为媒介,是否可以让无声变有声。

时下,"90 后"的孩子们对网络存在着一定的依恋,学生每人都有 QQ、微信等;班级都建立了 QQ 群、微博等,那么,何不利用网络这个平台,向学生诉说那些在平时学习工作中你不善于讲述的话呢?

（三）扬长：发现身上潜在的闪光点

1."眼"观六路,慧眼识金

眼,人类最重要的感觉器官之一,练就一双火眼金睛在班级有效管理会起到很大的作用。

（1）现状分析

"90后"的学生多数为独生子女,他们在大人的呵护下成长,多数学生自尊心强,有强烈的反叛意识,公开的批评会使得学生有强烈的挫败感,公开的说教会使得学生产生逆反心理。那么如何让说教变得更具有教育意义,得到四两拨千斤的效果呢？

（2）案例呈现：记一次自修课与学生的谈话

人物介绍：小海,男,17岁,性格傲慢、倔强,独具个性,是校篮球队主力队员。

出现问题：爱佩戴各种篮球手环和项链,容易与人起冲突。

应对策略：以优秀学生作为榜样介绍,从侧面进行思想教育。

事情经过：

针对小海戴篮球手环的问题,我利用自修课进行榜样的教育。下午第一节自修课,上课过了10分钟后我走进教室,因为我想给学生10分钟安静的时间。走进教室,我面带微笑地和学生说起我昨天快乐的一天。

"孩子们,昨天是教师节,我很开心收到了很多学生的祝福！谢谢你们！"我环顾四周,学生都把头抬了起来,看着我。"昨天,我上一届的学生也来看我了,沈老师觉得真的很幸福！"我故意用"沈老师"来自称,我想让学生知道,我的身份是一个老师,气氛开始变得严肃。"他们敲开了我的办公室门,往里看看,并没有走进来,你们知道他们为什么不走进来？"学生很迷茫地看着我,有一个学生说："他们害羞！"大家笑了。

我说："因为他们做了一件事情！他们首先把耳朵上、脖子上、手上所有的饰品都放进了包里,然后才走进办公室。"我平静地讲着,"三年了,这是我们的约定,我告诉他们,都毕业了,不用拿下来了;王奇说,习惯了。"这里我故意提到王同学,因为在新生见面会上,作为优秀毕业生,王奇给新生留下了很好的印象,对于他,孩子们更多的是钦佩,羡慕。"三年里,我和那群孩子们一起成长,那一刻,我觉得很幸福。这就是好的习惯,养成了,它会伴随你的一生,而现在我们也是养成好习惯的时候。"

我环顾四周,那个孩子的手已经放到了桌子下面。我继续说:"习惯的养成是不容易的。和上一届的学生相处的三年里面,我们也有争执,沈老师也会因为某些事情发脾气,沈老师也会因为某些不好的行为喋喋不休,但是当习惯养成了,回头看看,你会觉得自己真的成长了,觉得自己很了不起。沈老师也会因为你们而骄傲。"我继续煽情地诉说:"孩子们,接下来的三年里,我们会一直在一起,接下来的5年里,你会一直在一起;既然在一起,那么我们一起成长,既然在一起,我们一起成为一个有素质,有品位,有就业能力的对社会有贡献的人。让一些坏习惯离开我们,站有站相,坐有坐相;仪容仪表合格;不说脏话;女孩子大气,男孩子正气。让我们成为别人的榜样,我们很优秀,为什么不呢?"

讲到这里,铃声响了,我大声地说"下课!"然后走出了教室,许久,教室里不曾有一个人离开座位,我想,今天这番话,孩子们应该开始思考,应该开始反思了。

第二天,走进教室,我故意不经意地走过那个学生的身边,手上的手环已经没有了。更让我惊喜的是,有两个女孩把前额的头发全部扎到了后面,显得特别精神。

(3)反思总结

如果对于戴手环的问题我在班级中大肆批评,也许不会有这样的效果。从身边的案例出发,也许会让学生更容易接受。

2."鼻"嗅端倪,臭中有"香"

鼻,嗅觉器官,在班级有效管理中,班主任必须练就灵敏的嗅觉,嗅出班级管理过程中的点点滴滴。

"90后"的学生自控能力和学习习惯比较弱,上课要讲话,似乎一般的教育让其已经产生了抗体。班主任要及时嗅出班级中存在的问题,并采取对策,将问题及时消灭。

五、班主任有效管理的成效与不足

（一）取得的成效

1.班集体建设初步完成

班级的凝聚力得到了极大程度上的调动与提高,让学生学会管理与自我管理,很多时候,我们教师需要的不仅仅是言语教导与劝说,相反,通过一系列的实践,尝试着多种形式进行班级管理,也许会取得更大的成绩。而笔者的尝试,在班集体建设上初见成效,班级管理也日趋成熟与完善。

2.班干部队伍初步建立

班级的有效管理,靠的不仅仅是班主任个人的能力与威望,相反,更需要学生的自我管理与班干部的管理。通过近一个学期的帮扶结对以及对班干部的培养,我们班级中的班干部已经渐渐成为专业部内一支卓有成效的队伍,从而减少了班主任的治班时间与精力。同时,班干部队伍也发挥着重要的示范作用,带动全班学生一同努力,共同提高。

3.班级文化的打造与引领

随着班级管理走上正轨,笔者在班级管理中思考采取一系列的措施,例如打造班徽"修竹",以文化引领班级学生的发展与提高,进而卓有成效地凝聚了班级的形象与班级学生的气质。

图 1　班徽　　　　　　　　　　　　图 2　班训

虚心好学　德才兼备

（二）存在的不足

1.学习出现两极分化现象

班级内小部分学生平时不努力,靠吃老本过日子,开始出现掉队的现象。有的甚至就破罐子破摔,给班级的学风带来不良影响。这也给班级的有效管理带了一定的挑战。

2.对特殊学生的管理和引导

对心理方面存在欠缺的孩子的教育和引导是我目前存在的问题,由于带班经验少,心理学知识的储备比较弱,对于这样的学生该如何管理和教育,又该如何提高自身的管理能力,也是我需要学习和探索的。

六、结束语

以为最为关键的是与学生患难与共,想其所想,思其所思,通过点点滴滴的小事,实现班主任对班级的有效管理。而"80后"女班主任的崛起是职业教育发展的关键,顶起了学生管理的半边天。

参考文献:

[1] 黄大曙.岗位责任制班级管理模式初探[J].教学与管理,1997(4):19.

[2] 刁传金.全员自主班级管理模式探微[J].天津市教科院学报,1999(6):47-49.

[3] 裴立振.哲学解释学阐释视角下的师生关系[J].泰山乡镇企业职工大学学报,2003(4):6-7.

[4] 杨海青,邵永运.现代班级管理中的教育对话[J].教学与管理,2005(23):20-22.

[5] 邢永富.现代教育思想[M].北京:中央广播电视大学出版社,2001.

中职生同伴交往调查分析及教育策略[*]

戚成启

【摘　要】本文以我校三个年级为研究对象,通过问卷调整,分析影响中职生同伴交往的因素及同伴交往存在的问题,从双模管理、心理辅导等角度提出教育策略,以期帮助中职生更好地适应高中生活,为学生身心的健康成长创造更佳的人际环境。

【关键词】中职班;同伴交往;双模管理;心理辅导

中职生正处于人生发展阶段的青年初期,他们在生理、心理以及社会意识方面都处在高峰活动期,生理显著变化,心理急剧发展,社会交往需求扩展,自我意识进一步突显。在成长过程中面临的诸多人际关系中,同伴关系在青少年发展中具有重要的作用。在同伴交往过程中,青少年能够获得交往经验,端正交往态度,学会交往技能,这些社会交往技能的获得会影响一个人终身的社会适应能力。

一、中职生同伴交往研究缘起

中职阶段是整个人生发展的关键时期,青春期的中学生自我意识、世界观、价值观等都处于成长和发展的关键时期。其中同伴关系在青年初期起到了成人无法代替的重要作用,这种关系是满足学生的社会交往需求、获得社会支持和取得安全

---

　*　本文获 2015 年度杭州市学校共青团工作科研论文二等奖。

感的重要源泉。青少年通过与同伴的正常交往,可以表露内心的喜怒哀乐,从同伴那里获得慰藉和帮助,缓解压力和不良情绪。良好的同伴关系有利于青年自我价值感的获得、社会活动能力的提升、学业的顺利完成及人格的健康发展,而不良的同伴关系有可能导致学生社会适应困难,甚至影响成年以后的职业生涯。

在现今社会环境和文化背景下,中职生的自我意识越来越强,面对教师的德育教育和引导,越来越多的学生不认同,甚至产生抵触情绪。这种现象发生的原因主要是社会思潮和价值观的多元化,教师权威性逐渐降低。那么在中职阶段,该用什么样的方式增强学生同伴之间的思想沟通和有利影响,在学生成长中提升自我能力和核心素养呢?

通过调研中职同伴关系行为特征,分析中职学生同伴交往的发展特点、行为模式,分析影响中职学生同伴关系的各种因素,为学校教育以及学生发展提供有效教育策略,帮助学生们建立良好的同伴关系,健康、阳光、快乐地成长。

二、中职生现状及影响同伴交往因素分析

为了对中职学生同伴状况进行了解,本文通过个别访谈、调查问卷等方式获取信息,综合分析中职的人际交往、心理适应等方面的情况。在高一、高二、高三年级共发放问卷 210 份,收回有效问卷 183 份。调查对象人员情况如表 1 所示:

表 1　调查对象人员情况表　　　　　　　　　　　　　单位(人)

年级	男生	女生	合计
高一	12	54	66
高二	15	39	54
高三	21	42	63
合计	48	135	183

(一)入学情况及初期的调查

在全部被调查者中,当问及家庭是否支持来职高学习时,91%父母表示支持。

当问及选择我校原因,主要有以下几个方面:一是中考入学方式有直升和中考,给考生提供不同的求学之路;二是旅职有特色品牌专业,有较明朗的从业方向和就业前景,能够帮助学生找准职业目标,做好职业规划。

表 2　对就读学校满意度调查表 单位(人)

满意度 年级	非常满意	满意	不满意	非常不满意	合计
高一	3	48	9	6	66
高二	9	42	3	0	54
高三	12	51	0	0	63
合计	24	141	12	6	183

(2)从对现在就读学校满意度调查结果看,90%学生对就读学校满意,其中高三比例较高,刚来不久的高一比例相对较低。9.8%的学生认为他们心中所设想的情况与现实之间存在着一定差距,这主要是由于他们对所学专业、课程的认识和接受程度不同。此外,部分学生是同意调剂分到其他专业部的,这种情况也使他们对专业、对学校需要有一个适应过程,需要时间逐步调整心态和状态。

关于同班同学关系的调查显示,超过82%的学生感觉非常满意或者满意,只有15%左右的学生感觉不满意。满意程度高的原因是学生专业认同感强,同伴交往有共同目标。但是值得注意的是部分同学对同伴关系不满意,对待本专业、本班级及就业前景排斥感强。16级某班学生就因为抵触专业课,消极对待课程安排而影响同伴交往,产生隔阂的现象。

(二)综合分析学生面临困难状况

表 3　"你入学以来,你觉得面临最大困难"调查情况表 单位(人)

项目 年级	专业课程	人际交往	主题活动	学习环境	饮食	家庭教育	解决问题途径
高一	57	60	30	54	60	45	15

续　表

年级 ＼ 项目	专业课程	人际交往	主题活动	学习环境	饮食	家庭教育	解决问题途径
高二	33	51	21	30	24	30	42
高三	18	39	21	27	9	24	42
合计	108	150	72	111	93	99	99

从表3中我们可以看出,学生在"专业课程""人际交往""主题活动"方面有较大困难,其次是"家庭教育""解决问题途径",而"饮食""主题活动"占比较低。

首先,专业课程学习的困难比例高达59％。中职生在入学前几个月表现出勤奋、努力的学习态度,但由于所学课程与原中学阶段差异性大,学习上确实会遇到难以想象的困难:如与原来的学习相比,专业技能学习时间长,操作强度大,细节要求高。这就导致部分学生出现焦虑、厌学状态。值得注意的是这种厌学、弃学情绪极具传播性,特别是易在高一男生群体中出现,同伴间负面影响凸显。这就不可避免在学生中催生换专业、转学、讨厌某门课或老师等消极情绪和负面行为。据统计结果分析,随着年级增长,学生渐渐适应我校职业技能训练、教学实训等教学模式后,学习积极性有所提升,在专业技能优秀学生引领下,学习热情逐渐提升。

其次,人际交往能力随着年级的升高反而降低。在问及"你对与现在同班同学的关系满意吗"时,77％满意;问及"选择自己最好朋友是本班还是非本班同专业"时,61％选择本班;问及"你外专业朋友多吗"题目时,79％回答"不多";问及"是否愿意和外专业、原有中学同学做朋友"时,93％愿意和老同学交朋友。这些调查数据反映新高一学生处在"新鲜接受期",对周围新鲜环境保持新奇,愿意主动接受结识新同学、朋友,渴望与新同学建立友谊。度过1—2年校园生活后,自己的朋友圈基本稳定,此时学生喜欢群体式朋友圈交往,形成一定的交友群。对于其他班级、其他专业同学或者全校性质活动方面处于停滞状态:既不积极接触,也不会排斥,交往水平反而会下降。

此外,我校处在滨江腹地,周边设施相对简单,远离滨江中心地带,部分住校学生和新疆学生实行集中封闭式管理。加之手机、手游等沟通娱乐工具普及,中职生具有一定的自卑心理,导致学生在人际交往中有渴望但能力和自信心不足,倾向于自我封闭,交友范围逐步固定化和单一化,交友过程中过分关注自我形象。

这些影响到同伴交友,无形中缩小了学生成长过程中交往广度、交往质量,学生交际能力一定程度上呈萎缩态势,这个状况随年级增长而变得强烈。值得注意的是部分学生对于交往、恋爱等心理界定不同,又加上青年学生发育成熟等生理因素,导致异性交往处于危险期,交往对象的非健康性与狭隘性,缺少良性同伴交往的态度,缺乏正常同伴交往影响力。

再次是占比较低的主题活动、饮食方面。笔者认为主要原因是学校、系部主题教育活动基于学生的年龄特点和职业发展心理诉求搭建平台以促进学生全面发展,所以新同学能积极主动地融入活动。而学校后勤方面对于饮食安全、品种等方面落实也比较到位。

还有就是学生解决问题方式方法的选择。在遇到困难时,采取解决问题的有效方式可以帮助个体很好地渡过难关,积累成长经验,反之会造成不良后果。从统计结果看,几乎没有学生提出寻求专业心理咨询意向、朋友间互助等方式,高年级学生相对来说会寻求师长指导帮助,低年级学生大多选择小范围同伴交流。更有甚者,部分内向的学生倾向于自己克服,不愿与人分享,导致出现的问题得不到及时解决,积压下来,久而久之对学生成长不利。

三、中职生现状及影响同伴交往教育策略

影响中职生同伴交往现状的因素是多方面的:专业认同、家庭教育环境、学习和成长环境等因素。还应值得关注的是学生青春期发展危机与现今文化环境适应性的影响,一方面他们相对喜欢陌生、脱离家长管束、原有同伴陪伴的环境;另一方面处在中职阶段学生身心发展出现早熟而衍生心理生理冲动,多元文化环境下他们提早面对文化、理念上冲突,自我价值迷失的情况。这些困难是对学生成长的严

峻考验,也是对学校教育的考验。

第一,学校加强多元文化熏陶。利用社会实践、第二课堂、新生军训、成人节仪式等主题教育加强社会主义核心价值观养成,注重学生责任、奉献和感恩等核心素养提升;借助中学生团校、学生业余党校选修课和团日活动、班会课等形式提升学生思想政治素养,注重特色活动的体验教育,加以正面引导,帮助学生增强多元文化下的思辨能力和做出准确判断的能力。

第二,学校尝试双重管理模式。系部形成常规管理和特殊管理两种模式,将学校常规制度管理与系部特色管理要求相结合,加强学生职业成长期职业素养的跟进与指导工作。将系部"和于心、雅于行、精于技"的特色管理建立在校管理模式之上,发挥学生同伴榜样引领作用,达到相互交流、共同进步的良性循环。

第三,拓展同伴交流新渠道,增加互动空间,搭建交往平台。例如,开展班级互助互动模式,由不同年级、班级结对,在日常生活上、专业介绍、文化知识学习上给予帮助;任课教师与学困同学结对,一对一式交往,增进师生互动;年级大会、学生干部总结会、酒店文化节、艺术节等活动增进同伴间接触了解;开展线上 QQ 空间、朋友圈、贴吧旅职墙的思想导引和想法碰撞的措施。这些举措帮助学生树立健康交往态度,帮助学生接受积极同伴交往的影响,锻炼思考问题的思维能力,积累同伴间解决问题的办法,增强交往的主动性、自觉性,使个人能力在锻炼中得到提升。

第四,心理辅导援助措施。中职生具有青少年普遍的心理特征,但由于成长学习经历、家庭环境等特殊情况,中职生在很多方面表现出独特性。学校应该结合学校心理辅导站开展心理健康教育讲座、个别咨询、团体辅导等方式,帮助学生掌握心理知识,学会主动发现自我,化解日常生活学习中的人际交往危机、冲突及困惑,积极寻求有效解决自身问题的办法、途径。

第五,发挥学生自我管理优势,提倡开展同伴互助,增强学生间交流。在同伴互学互助过程中,学生们没有阶层区分,他们更有认同感、说服力,所以同伴教育很有影响力。调查发现,本专业班级优秀学生以女生为多,在管理班级事务中就会出现男生不服管理、冲撞管理人员等事件。正因此系部学生会组建时考虑人尽其用原则,结合工作细致耐心型学生和外向敢于管理型学生特点,加强两批学生自治管理培养,让学生干部通过自身表现影响、带动同学,认同校园文化、系部和班级文化,以积极心态投入班级系部管理和学习生活。

第六,提高家庭教育质量。家庭教育对于学生成长有重要意义,可是调研统计发现家庭教育状况堪忧,甚至出现学生父母离异,且常年不在孩子身边,学生完全独自一人生活的状况,父母对于孩子现状不了解的情况很普遍。通过访谈发现,部分学生家长文化水平不高,对于自己孩子除了担心身体健康、饮食和学习之外,也不懂得如何进行有效的家庭教育。因此,学生需要创造学习平台,给学生家长提供家庭教育知识和技能的培养和咨询,提升家长的教育水平,与学校合作,形成合力,共同促进学生的身心健康发展。

影响中职生人际交往的因素有很多,需要进一步深入进行分析和研究。通过对中职生人际交往特征及存在问题的更多了解,学校就可以有的放矢地找到相应的教育策略,创造有利环境和条件,帮助学生建立健康的人际关系圈,提升学生的人际交往能力,为学生一生的职业生涯和幸福生活奠定坚实的基础。

参考文献:

[1] 赵冬梅.童年中期儿童孤独感的影响因素:同伴接纳、友谊质量和社交自我知觉[D].
　　武汉:华中师范大学,2004.

[2] 沈玉林.中职生同伴交往问题研究及对策[J].才智,2015(15):44-46.

[3] 杜锡来.中学生同伴交往存在的问题与对策[J].教育探索,2006(5):100-101.

[4] 邹泓.中学生的社会支持系统与同伴关系[J].北京师范大学学报(社会科学版),
　　1999(1):34-42.

培养软实力　提升正能量[*]

——中职学校班主任积极心理幸福力校本培养探析

张佩蒂

【摘　要】在国家大力发展职业教育的背景下,笔者所在学校通过对班主任工作现状进行分析和实践调查,以提升班主任的积极心理幸福力为突破口,努力提高班主任的工作幸福指数,并将其作为学校德育校本培训的重要内容。在对积极心理幸福力的内涵进行解读的基础上,学校主要通过顶层设计、理论引领、实践推进三个层面倡导幸福力、培养软实力、提升正能量,并取得了一定的成效。

【关键词】中职;班主任;积极心理幸福力;校本培养

一、中职学校班主任积极心理幸福力的校本培养背景

中职学校班主任是中职学生管理工作的主要实施者,在国家大力发展职业教育的背景下,笔者所在学校将提升班主任的积极心理幸福力作为提升班主任专业能力的突破口,并作为重点德育校本培训项目,兼具现实意义和理论意义。

(一)现实意义:立足一线,提高班主任工作积极性

《国家中长期教育改革和发展规划纲要(2010—2020)》及《教育部人力资源社会保障部关于加强中等职业学校班主任工作的意见》中指出,加强中职学校班主任工作,对于提高中职学生管理和德育工作水平,促进中等职业教育科学发展,具有十分重要的意义。

---

* 本文获杭州市第二十一届教育中等职业教育专项(教育教学)论文评审三等奖。

而目前,由于长期缺乏对班主任工作专业性的重视和研究,班主任队伍的整体专业水平不高,很多班主任确实存在着教育理念更新不足、处理学生问题时工作方法简单、开展学生思想教育时形式僵化、缺乏与学生心灵沟通的技能等现象。这些问题不仅导致了班主任工作非常辛苦,也使很多班主任存在职业倦怠心理,缺乏职业幸福感。

因此提高班主任工作积极性,提升班主任的专业素养和核心能力,迫在眉睫。

(二)理论意义:积极心理,提升班主任整体专业素养

笔者所在中职学校通过对班主任的工作现状的理论分析和实践调查,认为缓解中职学校班主任的职业倦怠感、减轻班主任的工作压力,是学校班主任队伍建设亟待解决的问题。

学校运用积极心理学知识,将提高班主任的积极心理幸福力作为提升班主任专业能力的突破口,努力提高班主任的工作幸福指数,以此对于班主任的其他能力,比如管理能力、教育能力等产生深远的影响,从而逐步提升班主任队伍的整体专业素养。

二、积极心理幸福力的内涵

了解积极心理幸福力,必须从积极心理学和幸福教育这两个概念进行解读。

(一)积极心理学

1998 年时任美国心理学会会长的马丁·塞利格曼将积极心理学作为一个新的心理学领域正式提出。"积极心理学是致力于研究人的发展潜力和美德等积极心理品质的一门科学。积极心理学研究如何促进个人与社会的发展,帮助人们走向幸福,使儿童健康成长,使家庭幸福美满,使员工心情舒畅,使公众称心如意。"[1]

(二)幸福教育

2010 年,塞利格曼博士又提出了"幸福教育"这个概念,旨在帮助民众获得一

---

[1] Alan Carr:《积极心理学:有关幸福和人类优势的科学(第 2 版)》,中国轻工业出版社 2013 年版。

种看得见、用得着、学得会的幸福能力。"教育作为人类特有的一种活动,使我们的受教育者获得幸福力是教育的必然使命。"①

因此,积极心理幸福力就是基于积极心理学理论关于幸福能力的定义,是指一个人内在的心理素质,是一个人追求、获得并长久和持续地拥有、创造、分享、传递以当前利益为指向的快乐和以长远利益为归宿的意义的能力,是一种软实力。

三、中职学校班主任积极心理幸福力的校本培养途径

积极心理幸福力主张通过帮助别人发现自身的优势和美德,形成积极的心理品质,从而达到幸福的体验。学校主要从顶层设计、理论引领、实践推进三个层面培育班主任的积极心理幸福力,如图1所示。

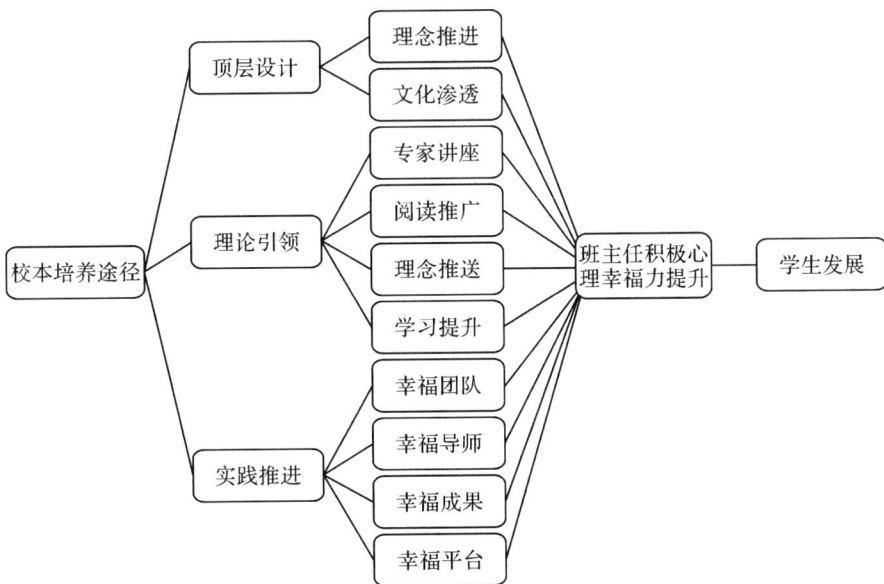

图1 班主任积极心理幸福力的校本培养途径

① 陈笑弟:《培养软实力提升真能量——班主任积极心理幸福力的建设探索》,中国教育学会班主任专业委员会第二次学术年会,2015年,第13页。

(一)顶层设计——高屋建瓴,倡导幸福力

1.理念引进

为提高班主任的心理健康水平,2012 年学校重点引进了积极心理教育——幸福教育理论,请浙江大学心理与行为科学系副教授杨宏飞老师做《积极心理学在学校中的运用》的讲座,对积极心理学进行了详细的解读。

2015 年寒假德育论坛上,学校在总结前几年德育校本培训实践的基础上,正式向全校教师提出积极心理幸福力这个理念,对积极心理幸福力的提出背景、发展现状,以及在教育领域的相关应用进行了分析和探讨。

2.文化渗透

学校经过多年德育实践,目前已经形成了"阳光德育"模式,确立了"阳光德育"的理论与实践体系,确定了"阳光德育"的内涵、目标、主线。"阳光德育"的四个内涵是"温暖、温柔、坚持、坚定",契合积极心理幸福力的基本原理和内涵。因此,学校在多个层面开展了"阳光德育"文化的学习和推广,以实现文化渗透,做到深入人心。

2014 年德育研讨会,楼列娜副校长做了《构建阳光德育体系　彰显阳光德育实效》的报告,首次在全校层面解析"阳光德育"。2015 年德育研讨会,楼列娜副校长又做了《践行阳光德育　成就幸福人生》的主题讲话,进一步就我校"阳光德育"的内涵和实践进行了高屋建瓴的梳理和介绍,使老师们对学校多年来努力构建的"阳光德育"模式更加明确和清晰。

(二)理论引领——潜移默化,提升正能量

1.专家讲座

提升班主任的积极心理幸福力,首先从了解它的概念和内涵开始。通过专家报告等形式,实施名家对话和高端引领,开展理论学习,以开阔学术视野,实现工作经验到教育思想的理性升华。学校聘请校内外专家开展讲座,对提升班主任的积极心理幸福力,提高班主任的工作幸福指数,进行理论的引领。

2015 年 2 月 6 日，杭州师范大学心理系教授朱晓斌做"交往、沟通与教师心理健康"讲座，重点分析了影响教师心理健康的因素，以及如何提升教师的职业幸福感。

2015 年 3 月 21 日，心理辅导站长周建文做"拥有阳光心态，传递幸福正能量"的专题讲座。结合本学期初学校工会对全校教师进行的一次压力水平和压力源的问卷调查，了解全校教师的压力情况及主要压力源，积极寻找方法帮助教师缓解工作压力，提升教师的工作正能量。

2014 年，学校邀请杭州市"最美教师"巡讲团成员中的两位教师——杭州市交通职业高级学校的高亚莲老师和杭州高级中学的费红亮老师来校做专题报告。两位老师用一个个生动具体感人的教育案例，向大家诠释他们的教育理念——辛苦、幸福、快乐着，给老师们上了一堂生动的幸福教育实践课。

2.阅读推广

苏霍姆林斯基说过，"读书，读书，再读书——教师的教育素养正是取决于此。要把读书当作第一精神需要，当作饥饿者的食物"。当通过阅读，教师在书本中体会到感动与满足时，心灵的广度和深度也会跟着扩大，内心充实就是幸福，而幸福就是教师成长的源泉。

学校以班主任工作室成员的固定读书主题活动为契机，做好每次的读书交流、总结、反馈，以专题形式在学校班主任工作室子网站以及微信公众号进行推送，以带动更多的班主任、老师养成阅读习惯。同时，重点推荐一些精读书籍给全校班主任，主要有《幸福的方法》《持续的幸福》《给教师的建议》等。

3.理念推送

新时期需要新的教育教学的方法和手段，信息化已经渗透到教育教学的各个领域。学校通过网站、微信公众号、微信群、OA 群、QQ 群等多种途径推广、普及积极心理幸福力。主要内容包括学校德育工作情况、读书交流体会、教育好文、教育资料等等。目前已经推广的读书交流好文有《看见》《给教师的建议》等书籍的专题交流,记录了老师们在阅读这些经典好书时的心路历程,文中都涌动着老师们浓浓的温情和对教育的反思与追求。另外,除了对班主任的工作实践有指导意义的文章以外,还选择了一些缓解压力、促进教师心理健康的文章,比如《心理大师告诉你如何获得健康人格》《谁偷走了教师的健康?》《你需要知道老师愿意做班主任是为了那一种"幸福感"》等,旨在提升教师职业幸福感,做学生喜爱、自我欣赏、快乐工作的教育工作者。

4.学习提升

俗话说:"他山之石,可以攻玉。"学校积极组织班主任教师外出考察学习培训。2014年和2015年,学校分别组织了35人次和80多人次德育骨干参加各级培训和外出参观学习,开阔了老师们的眼界,更新了教育理念,转变了教育思路,推动了学校德育工作的创新。

比如,2015年10月学校组织班主任工作室成员及部分骨干班主任参加中国教育协会班主任分会的年会,参加班主任专业发展之核心能力的研讨,重点学习了我国班主任积极心理幸福力的理论和实践现状。

2015年12月9、10日,校班主任工作室成员在楼列娜副校长的带领下,赴桐庐县职业技术学校开展德育校本培训活动,与徐松英班主任工作室进行了交流互动。徐松英老师被评为杭州市第四届"最美杭州人——感动杭城十佳教师",通过学习她的事迹,老师们深深感动,也感受到了教育事业的持久生命力。

2015年10月23、24日,旅游、园林两专业部的20多名班主任赴建德浙江省严州中学、富阳区职业教育中心考察学习,聆听了全国优秀班主任高晓春老师的"提升幸福"的精彩讲座,深刻体会到高老师对职教事业的热爱、对职教学生的关爱和对自身职业发展的不断要求。

(三)实践推进——多元融合,提高软实力

1.德育共同体,构建幸福团队

学校建立德育共同体,构建班主任成长的幸福团队,通过德育共同体组织模式开展校本培训。

"共同体"组织模式是一种多层的辐射结构。第一层为"核心共同体",由 20 位教师组成,成员由专业部推荐和教师自愿报名相结合的方式产生,大家带着共同的愿景、需要和目标,自愿、主动参与共同体的活动,按照共同体的活动要求出席并完成相应的活动任务(除固定成员外,有时也接纳一些新成员参与讨论)。第二层为"次级共同体",鼓励"核心共同体"成员在其他时间和场合,运用"核心共同体"组织活动的方式和技巧组织新的"次级共同体",解决其他层面和领域的问题。由此,共同体的组织和影响力可以得到不断的辐射和衍生。"共同体"的组织结构如图 2 所示(省略号表示更多新的"次级共同体"的衍生和发展):

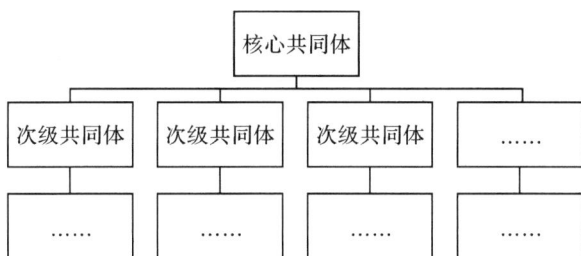

图 2　德育共同体结构图

2016 年学校组建了"阳光德育"研修团。在年轻教师群体中,进行"阳光德育"的理论学习和实践研究,讨论实施"阳光德育"以及提升班主任积心理幸福力所遇到的困难,共同寻找解决问题的有效方法。并形成德育联盟,为小组成员提供团队支持和正能量,促进小组成员的专业化发展。

2."青蓝牵手",结对幸福导师

学校开展了"青蓝牵手、德艺相传、互助成长"的新教师培养工程。对于刚走上班主任岗位的年轻教师,学校配备一位资深的师傅,使年轻班主任在德育过程中遇到难题时能及时向"师傅"咨询,得到最直接的实践指导和帮助,在理论和实践两方面都能同时得到快速地提升。

导师指导周期为一学年。开始时学校组织拜师学技仪式,宣布本学年能新教师结对名单,为导师们颁发聘书,与新教师签订结对协议书。资深班主任帮助新班主任尽快熟悉班级管理的各项事务,理清班级文化建设的各个环节,帮助其尽快进入角色。

3.科学考核,形成幸福成果

在校本培训促进教师成长的过程中,给每位教师设定一定的任务和标准,是必需的环节。但是,这种任务和标准,如果设置不合理,会给教师带来较大的压力,这显然违背了学校提升教师积极心理幸福力的初衷。

因此,学校倡导成长性成果,鼓励教师们记录教育前行道路上的点滴。学校对培训教师每年的"五项成果"进行了合理规划,缓解教师们的培训压力。

每位班主任每学期都要完成教育局制定的《班主任工作手册》,其内容有本学期班会课摘要、最佳班会课记录、学生偶发事件处理情况记载、班级故事、班主任工作手记等。可以说这些是教育局规定的班主任的基本任务。学校结合该手册中的记载内容,引导班主任选择一个最优秀的作品作为成果一和成果二——一个班会课辅导方案和一个优秀教育故事。学校又结合每年举行的年度论文评比活动,建议、引导班主任撰写班主任工作方面的德育论文,即培训成果三——一篇论文。

前文已述,学校以班主任工作室为研讨平台,会向全校班主任推广一些优秀的书籍。学校会从中选择一部分书籍,作为班主任的必读书籍。结合此活动,完成培训成果四——一份读书笔记。而在总结前四项成果的基础上,要求培训教师完成成果五——一本培训成长手册。

可以说,这些培训考核的成果本来就是教师的工作内容,学校只是将它们与学校的基本工作内容进行了高效的结合,引导教师注重过程研究不至于突击完成,提高了这些成果的质量,又减轻了教师的工作压力,努力实现旅职校园内师生"快乐学习、快乐工作"的温馨氛围。

4.交流互动,搭建幸福平台

提升班主任的幸福感,除考核、评优等激励途径以外,提供交流的平台,分享教育故事,诊断教育问题,展示班主任的风采以及教育理念,也能帮助班主任成长。

2013 年的德育研讨会上,刘国明、屠伟伟、张薇、林璐、许清怡五位老师分享了他们与学生的故事,可以说各有各的特长与才能,也彰显了教育的魅力与张力。

2014 年的德育研讨会上,张佩蒂等班主任老师分享了他们各自与学生的爱的故事。会上还开展了德育情景模拟答辩,案例均是我校学生和老师之间的教育实例,非常有现实指导意义。

2015 年的德育研讨会更是以提升班主任的积极心理幸福力为主题。会上各专业部优秀班主任代表具体分享他们在工作中的幸福感,虽然班主任工作辛苦、任务繁重,但这几位老师善于捕捉工作中的温暖瞬间,使在座的老师们感受到了平凡岗位上的感动与幸福。

除了德育研讨会集中性的分享和探讨,学校也结合班主任会议,定期组织论坛交流,研究分析班主任工作实践的重点、热点、难点问题,探讨加强和改进班主任工作的对策和措施,并在实践中予以验证;交流班主任工作的创新经验等。

四、成效与反思

(一)成效

经过多年有序、严谨、认真地以提升班主任积极心理幸福力为主题的学习培训,广大教师的职业倦怠感有所下降,教育热忱不断提高。

1.师生关系和谐

教师能用包容、接纳的心态接受学生,走进学生的生活和心理世界,用合适的方式和学生交流,在教育教学中善于发现学生特点,激发学生的自主性,引导学生学会分析、控制,和谐的师生关系促进了教育的效果。

2.德育理念先进

教师的德育理念和德育技巧都有了较大的提升,许多现代教育思想和先进经验已经转变为教师的教育教学实际行动,教师整体素质大大提高。教师德育校本培训学分全部合格。

3.德育成果丰硕

在2013年杭州市班主任基本功大赛中,我校周建文、张佩蒂老师均获一等奖。在2014年杭州市德育论文评比中王婷、夏嘉平老师的论文获二等奖,同时获省德育论文评比三等奖。在2014年杭州市班主任基本功大赛中,我校宋春燕、吴丽伟老师获二等奖。2015年,我校新疆部获中华职教社"温暖教育"组织管理奖;"张佩蒂班主任工作室"成为"首批杭州市中小学班主任工作室"之一;周建文老师的德育论文《在故事中找到生命的方向——"故事疗法"在心理辅导课中的运用》获得杭州市心理健康教育论文评比一等奖。

(二)反思

今后,学校将进一步加强提升班主任积极心理幸福力的校本德育培训工作的力度,从纬度和经度两个层面推进校本培训。

1.丰富培训形式,进一步完善培训体系的纬度

在顶层设计和理论引领的基础上,学校目前主要通过团队建设、导师指导、科学考核、展示平台搭建这些方面推进提升班主任的积极心理幸福力。今后将不断开发校本培训内容、创建校本培训的新形式,比如除班主任整体队伍的建设以外,帮助班主任建立"专业发展自我规划",提供订单式的培训;丰富培训内容和形式,设置更多的选修内容,让班主任自主选择自己需要、感兴趣的培训等。

2.合理培训梯度,进一步拓展培训对象的经度

如前文所述,目前学校对年轻班主任和骨干班主任的培养比较重视,也努力提供多种机会提升年轻班主任和骨干班主任的积极心理幸福力。但对于普通班主任的培养还有待提高。应根据班主任的实际情况,结合学校开展的"青蓝工程""新秀

工程""骨干工程"和"优特工程",分层次对班主任开展针对性的培养,建构班主任队伍的合理梯队,促进教师整体专业成长。

参考文献:

[1] 陈虹.大力推进积极心理健康教育——访"积极心理健康教育模式"创始人孟万金教授[J].中小学心理健康教育,2007(17):7-9.

[2] 任燕平.从积极心理学视角探索教育中的幸福力[J].学周刊,2014(21):12-13.

[3] 王薇华.从幸福感到幸福力[N].中国社会科学报,2012-8-27(A08).

[4] 贡艳霞.催生积极性 提升幸福力——积极心理学在心理健康教育中的探索和实践[J].河北教育(德育版),2015(Z1):38-39.

[5] 梁建芹.小学班主任积极心理品质培养对策研究[D].济南:鲁东大学,2012.

在心灵深处与学生相遇

——现代客体关系理论在师生互动中的运用

周建文

【摘　要】每个人总是在关系中成为自己,如果个体生活中的主要人际关系存在缺陷,个体的成长和发展就会受阻。在教育过程中,如果教师能与学生建立良好的师生关系,或者帮助学生与其生活中的其他重要人物建立健康、平衡的关系,那么学生的自体成长之路就能得到重启。

【关键词】关系;自体;成长

现代精神分析客体关系学派认为,对关系的寻求是每个人最基本的需要,也是每个人行为最根本的动机。学生在成长中出现心理、情绪、适应、学业发展等方面的问题,其根源是现实关系存在问题。高中生的独立人格还没有完全形成,相对比较脆弱,只有当学生能与生活中重要的人物建立良好的关系时,学生自体才能得到成长和发展,否则就会出现情绪障碍或者学业困难。一旦学生的现实关系中的缺陷与不足得到修复,就能消除阻碍发展的心理问题,重启学生自体成长之路。下面,笔者结合小李的案例,讨论教师如何通过倾听、共情与学生建立安全、相互信任的师生关系,在心灵深处与学生相遇,从而帮助学生解决情绪困扰和害怕上学的问题。

一

"我不想在学校读书了,我想回家。

"我觉得在学校里,没有人欣赏我,也没有人跟我在一起,孤零零的好难受。

"我从小到大都被父母关在学校里,我觉得一点都没有自由和放松。我非常不喜欢学校这么多的约束和制度,我喜欢到外面去,自由自在地跟别人一起出去玩。我感觉这么多年都在为父母而活。"

高二女生小李哭着对我诉说,眼泪直流,抽噎着,全身颤抖。我马上把自己的思绪清空,集中注意力,全神贯注,静静地坐着听她哭,看着她,并鼓励她:"想哭就痛痛快快地哭吧,哭出来会好受一些。"于是她哭得更厉害了。

等到她哭完停下来,我问:"学校里哪些事情让你不开心呢? 说说看。"她说:"反正我觉得在学校里没有快乐,我所学的专业我也不喜欢,同学也不太好相处,而且还有这么多的纪律要遵守。我觉得太压抑了,没有自由。"然后她又具体说了学校里发生的一些事情。

我问:"你在学校里的这些情况,你爸妈知道吗?"她说:"他们也知道一点,上学期末我跟他们说'我不想读了',他们骂我'发神经',所以我现在也不敢再跟他们提。"我问:"那你跟爸爸妈妈的关系怎么样呢?"她说:"我跟妈妈的关系不太好,妈妈很要强,而且很爱面子。她希望我能展现出好的一面,家里有什么不好的也不能让外人知道。比如说,暑假里我的暑假作业没有完成,然后我在一个社区的QQ群里说了一下,妈妈就说我,这事也跟别人说了,以后叫她在群里怎么抬得起头。平常妈妈都希望我能做得更好,不要给她丢面子。"

我说:"哦,这的确让你感到很为难,那你现在准备怎么办呢?"她说:"我也不知道,一方面我觉得在学校待不下去了,但另一方面我又想坚持,主要是为了父母。但我就是感到很难过。"

我感觉到她的矛盾和挣扎,在学校不被同学接受,在家又不被母亲接受,从小到大被管着读书,从来就没有轻松和自由,每天压抑的神经和疲惫的心灵,无处得到理解和宣泄。她想抛开一切到外面去自由自在地游玩,但现实和家庭却是不允许的,认为她是"发神经"了。她自己也想在学习的道路上努力坚持,继续前进,但就是感到心有余而力不足,不知道自己学习的能量是怎么被无形地消耗掉了,掉进难过和沮丧的泥坑不能自拔。现在她不知道下一刻该何去何从。

我知道,现在对她最大的安慰就是倾听和理解,给她所有的关注和耐心。每个人只有在良好的关系之中才能找到她自己和成为她自己,如果我能跟她建立一种相互信任的稳定关系,那么也能让她心安和受到鼓舞。等到她稍微缓过来,我说:"我真不知道这些日子你是怎么挨过来的,你能坚持下来真的非常坚强和勇敢,不管谁遇到这种情况都会伤心难过的。谢谢你告诉我你的故事,以后让我们一起探讨一下如何面对和处理这个问题,好吗?"她说:"好的。"

此刻,时间已经到了,所以,我只能说:"我们今天就先到这里,明天同一时间你再过来吧,到时我们可以一起探讨一下接下来怎么做对你来说是最好的。好吗?""好的。"她擦干眼泪,恋恋不舍地离开了。

安全、相互信任的师生关系是促进学生成长最有效的工具。从小李的陈述中,我可以觉察到她的问题主要是因为她在学校里无法与同学和老师建立良好的人际关系,导致她无法从学校获得安心和力量坚持学习生活。小李当下在人际关系中所面对的困难是一直以来人际交往能力不足的结果,而这种人际交往模式的缺陷又是由她与父母之间不良的亲子关系所引起的。因此,当小李出现在我面前时,她是带着对现实关系的失望和对建立新的人际关系的渴望而来的。充分理解她的这种需要,努力给予满足,并心甘情愿被她使用,那么我就有可能获得她的信任,帮助她平静下来,这样我也就拥有了帮助小李修补破损的现实关系的机会,并以此提升小李建立成熟的人际关系的能力。当小李有能力与我建立健康而稳定的师生关系时,她的自我功能就能得到增强,那么她的心理问题也就会逐渐消失。

当小李向我哭诉时,我一方面保持完全接纳、理解和共情的态度倾听,让小李感到她与我的关系是安全的,不管她表现如何,我都不会嘲笑她。这就要求我要有很强的倾听的能力、专注的能力、接纳的能力。另一方面,我又要在关系中保持自己的独立性和距离避免让自己的情感完全陷入小李的情绪漩涡,从而失去帮助能力。同时,我还要顾及她自我防御的需求,不能一下子走得太快和太深,以免引起她的不安和恐惧,要慢慢地靠近,以化解她以往在人际关系中受挫产生的焦虑和恐惧感。

学生情感和心理出现问题,肯定是她现实关系和内在关系出现了问题,因此,我们要小心仔细地搜集和了解学生目前现实关系的困难之处,并通过学生的描述,透过表层的关系深入剖析学生内在客体关系的缺陷和不足,理解学生内心真正的担忧和需求。每个人现实的人际关系模式在某种程度上都会受到早期与父母之间的关系模式影响,所以当学生与父母的关系有问题时,学生建立现实关系的能力和模式就会出现困难,结果就会导致情感发展和学业成长存在障碍。一旦我们了解学生内在客体关系的模板并理解它形成的原因,那么,我们就找到了学生情绪困扰产生的根源,并有办法开始对它展开工作。教师可以通过与学生建立完全不同于之前的关系模式,以弥补和修复学生原生关系的缺陷,并满足学生的关系需求,使学生提高与他人建立健康客体关系的能力,从而使学生的成长发展问题慢慢得到解决。

二

第二天,她又准时出现在我面前。她先是沉默,欲言又止,接着眼泪就在眼眶里打转。我也静静地坐着,看着她,等待她开口。她闭着眼睛,靠在椅背上,静默地沉思着。她说:"你不问我问题吗?"

我说:"没有,你想说什么就说什么吧,如果没有什么可说的,就这样坐着休息一下吧。"

接着,她又开始哭了。由于她太用力去克制自己哭出来,所以哭得全身颤抖。我就这样静静地看着她哭,接受她的一切。

哭完后,她开始说了:"我希望自己能乐观、开朗,我想要改变,但又觉得太困难了。同学们都说,我要开心和大方一点,这样我才能交到朋友,才不会这么不开心,但我怎么也开心不起来。我从小到大被父母和老师管着读书,没有时间出去玩和放松,我感到好压抑。"

我说:"我听到你一方面想为了父母和自己的将来坚持读书,但另一方面又感到读书很累很辛苦,想出去玩玩,是这样吗?"她说:"是的。"我问:"那你到底想怎样到外面去玩呢?"她说:"就像暑假里一样,我参加社区群集体出游,认识了几个朋友,可以跟他们一起开心地聊聊天。"接着她非常开心地描述了暑假出游和新朋友玩的事情,语气中充满向往和渴望。

等她说完之后,我说:"能够认识新朋友,一起开心地交流和玩,的确让人很开心。但你现在有什么方法可以让你长久地过这种生活吗?"她说:"我想自己去找份工作,这样就可以自由了。"我说:"你现在还没有满十八周岁,而且高中还没毕业,你能实现自己的愿望吗?"她说:"不能。""那该怎么办呢?如果你想要自己以后能找到一个好的工作岗位,能有时间和机会到处玩玩,你现在应该为未来做点什么准备呢?"她说:"我知道留下来读书直到毕业对我来说是最好的,但我就感觉在学校里很压抑,很难受。"我问:"那你觉得让你难受的最主要原因是什么呢?"她说:"我也不知道,可能是因为我被管得太久了,一直都没有办法放松吧,所以我特别希望能出去玩和放松,希望有机会交上新朋友。"

很快,辅导的时间又到了,她说:"我第一节课不去上了,我们继续谈吧。"我说:"对不起,这次辅导的时间到了,我知道你还有很多话要说,而且我们还要继续一起努力找到解决问题的办法,但你要去上课了。我们下周一再见吧。这两天回去后你自己先想想看,有什么方法可以处理目前遇到的问题。"

我全神贯注的倾听和尊重给小李创造了一个情绪表达和自我反思的成长空间。当师生关系比较安全和稳定时,教师可以保持更多的沉默和等待,让学生先开口,这样学生就会把自己最想讨论的问题提出来。另外,这样会把探索和解决问题的责任和主动权交给学生自己,让学生有面对自己内心的困惑和冲突的机会,增进自我觉察和领悟能力。我此时的角色与功能是提供温暖的"抱持"环境,鼓励和支持小李勇敢地进行自我探索,理解自己痛苦和困难产生的原因,并提供给她重建新的健康人际关系的力量和信心。

我深入理解小李内心的挣扎和对建立新的人际关系的渴望。小李内在的困扰和痛苦一旦有了我的理解和接纳,就有机会把它放下。这时候我的角色和功能是承接小李负面情绪的"容器和解毒剂",我一方面要把小李投射出来的东西接住,另一方面又要对这些"有毒"的想法、情绪、幻想、误解进行"解毒"处理,避免自己被感染,并以一种健康的、小李能接受的方式反馈给她,促进她的内化和吸收,从而增强小李的自我功能,提高她进行自我情感调整及与他人建立健康关系的能力。

另外,在关系中设置清晰的界限以保护师生双方的各自利益和心理安全也是非常重要的。健康的关系是一种平衡的关系,不是一方做出牺牲和让步来满足另一方的需要。虽然师生关系在某种程度上是一种单边关系,是以促进学生的成长为主要目标的,但如果教师的界线一再被学生突破和干扰,不管教师是否觉察,都会对平衡的师生关系带来损害,最终会伤害到学生的利益。当我能坚守自己的人际关系的界线时,其实也是给小李做了一种把握人际交往分寸的示范。我从小李的言谈中发现,由于她太渴望跟人交流,因此一旦谁愿意跟她交流,她就会黏住人家不放,最后总把别人给吓走,从而影响她建立正常的人际关系,并一次次地受挫。我设置清晰的关系和谈话界线,让小李学会不要随意地侵入他人的空间,也不要随意让他人侵入自己的空间,保持适当的人际距离,以尊重他人及自己的需要。当师生关系界线变得清晰时,关系才会健康发展,并最终被学生内化,成为学生以后与他人建立平衡关系的榜样。

三

周一中午,她又准时地出现在办公室。我让她坐下后,她轻声地说:"其实,今天我过来是想告诉你,我以后不用再来了。"我说:"哦,好的。反正今天已经来了,那就坐下谈谈这两天你是怎么想的,你找到了什么方法。"她正襟危坐,眼睛微闭,努力搜寻想要表达的话,好像随时准备站起来去斗争一般。我感觉她好像找到了应付困难的方法,但又没有十足的把握,感觉她像是在与现实的自己进行妥协。

我说:"看你坐着的样子有点紧张,你可以先放松一下,靠在椅背上休息一下,想到说什么的时候再说吧。"

然后,她慢慢地放松地靠在椅子上,闭上双眼。过了一会儿,她睁开眼睛:"我觉得我可以做自己,不必按照别人说的话去做。每个人都有自己的特点,只要自己喜欢就行了。"

我说:"嗯!"

她又继续说:"上周五回家,在公交车上我想了很多,想着想着,有时候就不知不觉地笑了,我觉得自己很傻,干吗要那么在意别人的看法,非要别人来找你聊天和玩,自己一个人其实也可以过得很好。"

我说:"好像你已经找到了摆脱困境的办法了。后来又发生了什么呢?"

她说:"我回家之后,跟爸爸妈妈闲聊了,把我的心情和观点跟他们说了,他们也都能听我说并且理解我,所以我觉得好多了。"

我说:"你是说,你能够把自己的苦恼和困难跟爸爸妈妈坦白,而且他们能够倾听和理解你的时候,你就觉得好多了,这不再是一个问题了。"

她说:"是的,我觉得不用再闷在心里,放松多了,我也不用再那么在意妈妈是不是会批评和指责我了。"她又说:"我觉得自己现在有一种本领,不管妈妈怎么对我发脾气,我都能当没听到一样,不会受到她太大的影响。"

我说:"你是说自己能坚持做自己,不会那么大地受父母的情绪的影响。"

她说:"是的。有这种感觉。"

我说:"感觉过了周末两天,你长大了很多。"

她说:"是的,我也感觉这几天自己成长了很多。这也要感谢你的帮助,我真的觉得你给我的帮助很大,把我心里的包袱给卸下了。"

我说:"主要是你自己的功劳,这说明你处理问题和面对困难的能力很强大。这么短的时间内就能从困境中走出来,你要为自己鼓掌。"

她说:"是的。"并轻轻地为自己鼓了鼓掌。

但我知道问题远不是这么简单就解决了,她虽然暂时有了面对困境的勇气和力量,能够更好地接受自己和现实,能够坚持在学校正常读书了,但下次负面情绪来袭时她是不是就具有免疫能力呢?这还是未知数。况且她跟父母的关系到底改善得如何呢?她的父母是否能理解和接纳她呢?她自己又会不会一直喜欢和接纳自己呢?人格的成长是一个长期的过程,要付出很多的代价,而且需要建立很多的关系,才能一步步走向成熟。但问题还是会接踵而来,永远没有一劳永逸的解决问题的方法。

所以,最后我说:"祝贺你获得很大的成长和进步,我也为你感到骄傲。但在成长的道路中,你可能还会遇到很多的困难和挫折,有时可能也会让你很痛苦。有了这一次的经验,我相信你面对困难和调整情绪的能力会提高很多。如果以后遇到什么不能解决的问题,或者心情很低落难以面对的时候,欢迎你再来跟老师谈谈,好吗?"

她说:"好的。谢谢!再见!"

我说:"再见!"

在这个故事中,我最终被小李放下了,在建立关系之初,我就预料到甚至期待这一刻的发生。但我知道这是表面的,在小李的内心深处,我会永远是一个支持者和理解者的角色。当关系开始之初,我主动接近和理解小李,自愿成为填补她缺失的现实关系的一部分,以填补她心中的关系空洞。另一方面,我又把自己的心灵空间向小李开放,让她自由地进入,承受她的哀伤和愤怒,让她的负面情绪有一个宣泄与存放的地方。当她要离开时,我也会有分离和失落的体验,有时还会有被利用和被抛弃的愤怒,所以我要主动克制和调整自己的情绪和需求,并勇于帮助小李与我分离,走向她自己独立的人生。

但我知道,小李的问题并没有彻底地解决,为防止复发,为下次帮助小李成长做准备,我跟她说以后出现困难时还可以来找我。小李前来找我是因为她当前的情绪痛苦和学习困难,所以目前的问题解决之后,她就会结束辅导。但小李本身的人格问题和内在客体关系的缺陷并没有得到较彻底的解决,所以很可能下次遇到新的困境时,心理问题又会复发。这样反复的发生会让小李变得非常沮丧,抱怨自己怎么又陷入原来的困难不能自拔。如果教师已做好提醒和预示,主动把已经建立的较稳定和健康的师生关系延伸到未来,那么对小李来说永远都是一种力量的支持,当她出现新的心理问题时也就不会对自己感到绝望,重新来接受辅导帮助的可能性也就会大大增加。

现代精神分析学家认为,没有客体就没有自体,个体自体的成长依赖与外部客体的关系。很多高中生都很迷茫,自我认同感很低,缺乏安全感,学生出现这些心理问题都是因为在成长过程中失去了部分的自体和客体。当学生来到教师这里寻求帮助时,他心中存在一个强烈的渴望,即到我们这里寻找这些失去的东西。在辅导关系中,学生需要教师为他的发展和学习提供一个"抱持"的安全成长空间,承担一个稳定和健康的客体关系角色,同时善于接受学生的努力,以便能够在第一时间将关注和鼓励反馈给学生,从而使学生找到他们自己。在这安全的空间里,学生自体得到成长,并逐渐内化与教师建立关系模式以及教师给予的方式。

每个人总是在关系中成为自我,如果在关系中不能得到认可和理解,个体的情绪就难以平静和稳定。小李在家中得不到父母的欣赏和认可,在学校中也得不到同学的接纳和理解,故而出现了情绪困扰和学习困难。她渴望从不良的关系中解脱出来,能在新的环境中结识新的朋友,并希望能在心灵深处与他人相遇,一旦发现她无法做到时,她就失落和空虚了。父母是孩子成长中最主要的客体,小李成长过程中丧失了一部分父母客体,导致小李的自体发展出现了缺陷和不足,成长缺乏动力和勇气,在困难面前容易退缩,不能保持自我。当小李在我的协助下,向父母诉说自己的苦恼和想法并得到父母的认可和鼓励之后,小李渴望已久的客体又回来了,所以小李的情绪问题就消失了,也有了留在学校继续学习的动力。小李也开始觉得自己有勇气做回自己,重新开始了自体的成长之旅。

参考文献:

[1] SCHARFF DE. 重寻客体与重建自体——在精神分析中找到自己[M]. 张荣华,武春艳,许桦,等,译. 北京:中国轻工业出版社,2011.

[2] SI. CLAIR M. 现代精神分析"圣经"——客体关系与自体心理学[M]. 贾晓明,苏晓波,译. 北京:中国轻工业出版社,2002.

[3] MILTON J, POLMEAR C, FABRICIUS J. 精神分析导论[M]. 施琪嘉,曾奇峰,译. 北京:中国轻工业出版社,2005.

笔间传情

——我和我的 10 导游班的成长故事

杨　瑛

　　科技发展，网络普及，电话、微信、QQ……人与人之间的沟通与交流似乎变得越来越方便，但我却依旧偏爱书信这种最传统的交流方式。因为我觉得一来一往的对话虽然很及时，但有时难免会因为欠考虑而出现不太合适的话语，甚至还会受情绪影响一时冲动说出让自己后悔的内容；而书写则不同，因为它可以慢慢来，它给了我们更多思考的时间，也给了我们平复激动的空间，让我们可以更理智、更客观地表达我们的想法！所以在平时的班级管理中，书信、文字是我和学生交流的一种特殊的方式，而且在我看来这样的交流往往可以起到谈话所不能及的效果。我会在周记本上和学生们探讨生活、学习、新闻、旧闻；会在"母亲节"这样特殊的日子里要求孩子给家长写信，并要求家长回信；也会在一些班级事件中，给个别或是全体学生写信。这样的沟通很自然，也很真实，它拉近了老师与学生、父母与孩子的心理距离，有利于误会的消除，问题的解决。

一、每周的情书——周记

　　周记制度是我在多年班主任工作中一直坚持的一项工作，它是我与学生交流的日常平台。高一刚进校的时候，学生往往会把周记当作文来写，正儿八经很完整，但基本看不到内心的话。于是我告诉他们："周记没有字数要求，也没有格式要求，只要写上想对我说的话就可以，我会当作你们写给我的信，我也会认真回信。"慢慢地，周记的内容越来越丰富，有班级发生的大事小事、生活中的点点滴滴、自己心情的"阴晴雨雪",以及对某些事件的看法想法,甚至是对我的关心(提醒我注意身体、增减衣物、祝我开心)等,有时还会配上可爱的自制插图。

我曾半开玩笑地和学生说:"我太喜欢读你们的周记了,因为它们就像一封封情书!"我喜欢周一,因为周一会有 40 封"信"静静地躺在办公桌上等我,我会放下手边的事情,先迫不及待地看,但并不急着回复,因为我要好好想想怎样回,也要细细观察,看看这周可以给他们哪些鼓励和肯定。三年的周记,记录了我和学生之间一次次的交流和对话,里面有理性的讨论,也有温暖的相互关心,篇幅虽然不长,但都发自真心!

二、写给学生的信

高一第一学期,班级中曾有过一件反响较大的事儿:当时班级中一位同学向我反映了班级存在的不良现象(主要是晚自习的纪律问题),其他同学得知后很生气,集体孤立了那位同学。我明白,如果不能很好地处理此事,必将深深地伤害班级同学之间的感情,于是,我给班级中挺有号召力的晚自修班长写了下面的这封信。可能就是从这封信开始,我和学生的距离近了。

亲爱的杨小明同学:

读了你在周记本上写给我的长信,很高兴你能这样开诚布公地说出自己的想法,让我对你有了更多的了解。

一直以来,我觉得你我之间有一种隐隐的距离感,对于我的询问,你的回答总是尽可能的简单,所以交流也就很难深入,我原来的理解是:你是个对同学很讲义气的孩子,所以很多(主要是晚自修中的)问题,你都想方设法地让它"到你这儿为止"。但读了你的信后,我想这或许只是原因之一,而另一个你无法和老师走近的原因,可能和初中时的经历有关,也许从那时起,你就已经把老师定义在了你的对立面,所以在你心中,老师和你们不是一伙的。

而我,可能是一个比较"天真"的老师,一直都期望和学生之间是那种"亦师亦友"的关系。做你们的老师,顶多也就三年时间,但做朋友却可能是一辈子的,因此我始终觉得自己是站在班级同学中的,有了问题,我们是应该可以一起面对和解决的。所以我更喜欢你现在这样的表达方式:真诚而毫无保留。

言归正传,还是说说周记中谈及的事儿吧!(可是要从哪儿说起呢?)

还是先说说我对王小峰做法的理解吧(当然,这是我看到的王小峰,希望不至于引起你新一轮的"包庇论")。他是一个做事认真,有责任心的人,也很主动,这可能是接触过他的老师比较一致的评价,当然也包括我。我觉得人大致有三类:大多数人是"宽以律己,严于待人"的,少数人是"严于律己,同时严于待人"的,而只有极个别人是能做到"严于律己,宽以待人"的,而王小峰可能属于第二种,他对自己的要求是比较高的,而对周围人的要求也不低,所以他会有很多的"看不惯"。当然我完全同意你所说的,他也有做得不好的地方,我就曾经在晚自修上课时间接到过他的电话,并批评他"为什么上课时间可以打电话?!"但我愿意相信,他之所以在周记中提到班级、寝室中的种种问题,应该是为了引起我对这些不良现象的注意,从而更好地管理班级。

至于你所提到的"包庇"一事,我有必要做一些说明:

首先,"包庇"是明知某人做了错事而不做处理的一种行为。在王小峰这件事情上,他本来就没错,我并不觉得自己有"包庇"。真要说包庇,那我可能包庇了抽烟的同学,旷课的同学,因为我没有上报,没有处分他们,我承认错误,但请允许一个班主任用这种方式"包庇"一下她的学生吧!

其次,说到李小君生病一事,当时我的处理的确不够及时,因为我完全没有想到她的情况会那么严重，只是想着我去上第一节课的时候顺便到班级看望一下。这是我的疏忽，我承认，所以上周五在高复班的第一二两节课，我都特别忐忑！其实，作为班主任，白天，你们都在我的眼皮子底下，我会比较安心，但离开学校后，住校同学生病，或有这样那样的特殊情况，反倒让我更加着急。那天得知王小峰可能是阑尾炎，我是紧张了一下，因为我见过阑尾炎发作时的景象，那种痛是很可怕的，所以并不是因为是王小峰，我才会第一时间赶到，不管是你们中的哪一个，我都会那样做！

唉！这次的事情，都是我的错，如果我在发周记的时候考虑得周全一些，留下不在教室里的同学的周记，这个事情也许就不会发生了，我也很遗憾。10导游班原本是个很团结的集体，但因为我的疏忽，这个集体有了一条不小的裂痕，使得很多同学的感情受到了伤害，而对于王小峰来说，因为反映班级问题这一班干部应尽的职责，而成了班级的"敌人"，我真的很难过！

唯一让我高兴的就是，杨小明同学向我敞开了心扉，也算"因祸得福"吧，希望我们之间的这种交流还可以继续和深入！

爱你们的杨老师
2011 年 1 月 11 日

三、写给班级的信

我是一个比较感性的人，很容易被感动，为了避免自己激动得"语无伦次"，我也会把自己想对学生说的话事先写下来。

比如下面这封信是我在 10 导游班高三上学期结束时写给全班同学的一封信。之所以会写这封信，是因为当时孩子们完成了导游证考试、旅院"3＋2"的选拔考试，并双双取得了 100％的通过率，得知结果之后，大家的学习压力一下子就没了,班级氛围显得有些散漫。"无事易生非",班级中也隐隐出现了一丝不和谐,所以在放假前,我将自己想对孩子们说的话写在这封信中,并发给了大家,效果不错。

有感于我和你们的 2012(节选)

时光匆匆,脑海中还是 2010 年 7 月与你们第一次见面时的情景,但转眼间,你们已经完成"3+2"选拔,考出了导游证,可以说在旅职最为重要的两件事情你们都已经完成了!

2012,注定是一个充满了话题和回忆的年份!这一年,我和你们一起经历了"现场导游"选拔考试的失利、考证路上的同舟共济,以及创造出两个100%时的激动。这其中有大悲,亦有大喜,情节跌宕起伏的程度绝不亚于电影电视!好在最终的结局是皆大欢喜!但其中的几件事让我印象深刻,不得不说:

一、学会珍惜

当一切以最完美的方式尘埃落定之时,我却隐隐有些不安,常言道,无事易生非。当面对困难的时候,齐心协力、共同努力的我们,安逸下来之后似乎出现了这样那样的矛盾和摩擦,一丝丝不和谐隐约弥漫在班级里。

我想说,能够在一起经历三年甚至五年,大家应该好好珍惜,因为那是我们前世修来的缘分!两年的时间里,刘小因去了美国,钱浩去了北京,下学期,陈小婷也将去实习。人生其实是一个不断说再见的过程,所以请珍惜你现在所拥有的一切,特别是那份简单而真挚的友谊!学生时代的朋友是一辈子的朋友,千万不要因为一点小事,就成了陌生人,那样的感觉太糟糕了!一家人之间,可以为了某件事吵吵架,但吵完之后还是一家人,不是吗?宽容一点,于人于己都没有坏处!

二、天真没什么不好

有件挺有意思的事,我带的班级常常被说比较天真。其实我一直不觉得这有什么不好,因为在我的班级中很少有勾心斗角、搬弄是非的人。天真会让人想得比较简单,而简单会让你拥有更多的快乐和幸福,希望你们可以一直怀着一颗天真、善良的心,简单、快乐地生活。偶尔吃点亏,凡事往好处想,你看到的人会更友善,世界会更美好! 宫斗戏看起来热闹,但那些娘娘最终不管斗输了还是斗赢了,都是遍体鳞伤,并不幸福的,少一点揣测,少一点猜忌,活得轻松自然些,千万别让自己成了宫斗戏里的人物。

……

毕业前的最后一次班会课,我写下了下面这段文字,并送给孩子们:

终于到了要说再见的时候（节选）

天下没有不散的筵席,进入高三就意味着再见,而今天,真正到了要说再见的时候。6 月 14 日之后,当我们再见面时,我就无需再用学校的纪律要求来评价你们,可以完全用自己的审美标准来看待你们。少了说教,多了交流,我们之间除了师生之外,更多了一层朋友的关系。但现在,我还是要以班主任的身份,进行最后一次"说教",作为上学期末《有感于我和你们的 2012》的续集吧。

一、学会宽容,做好自己

我们生活的这个世界并不完美,我们身边的人各式各样,你们将来面对的很多游客可能都会让你觉得"奇葩",所以,请你学着用宽容、平和的心态,积极地面对。当我们无法改变环境中诸多不和谐、不应该时,满腹牢骚、骂骂咧咧是无济于事的,认真努力地把你认为对的、该做的事情做好,才是上策,因为只有这样,我们的世界才会越来越好。

二、做一个有责任心的人很重要

责任心是你做好事情的基本保证,少了它,一次两次也许看起来只是坏了别人的或是集体的事,但三次四次之后,你可能就会失去别人对你的信任,弄丢自己的机会,到头来坏了自己的事儿!

三、努力学习和工作,学会享受生活

"像蚂蚁一样工作,像蝴蝶一样生活。"人生的每一个阶段都有她独特的美,不要挥霍,也不要错过,学会珍惜并享受她。大学期间,该拿的证书,一张都不要落下,能参与的活动一场都别错过,如果可能,谈一场纯粹的恋爱也很不错,但一定要记住学会保护自己和你爱的对方!

四、明确自己想要的生活,做一个让自己满意的人

······

四、写给自己的信

工作之余,有时我也会提笔记录自己的所思所想:

某　日

教师节的时候,同学们买了小植物作为礼物送给老师们,同时也给自己班级买了一盆,放在讲台上。当时,我对同学们提出"既然买了,就要好好照顾它,不许养死!"的要求,但心里想着,这帮"没心没肺"的家伙肯定不会定期给它浇水、晒太阳的,这盆可怜的小家伙估计活不了多久!

意外的是,几个月过去了,它竟一直好好地在班级讲台上坚守着自己的岗位。

一日,阳光灿烂,我走过班级窗外,不经意间看到过道的阳光里,班级的小植物正慵懒地晒着太阳,叶子上的水珠亮闪闪的;教室里的同学们一个个认真地在听老师讲课。

很安静,很和谐,这大概就是岁月静好吧,顿时觉得自己好幸福!

写在运动会之后

高三的运动会就这样结束了,很高兴看到孩子们在运动场上的种种表现! 开车回家的路上,心中感慨万千,尤其是想到明年6月,他们就将毕业,就像自己的孩子有一天长大了,离开家,跟你说再见,不禁泪流满面! 不舍啊!

回首自己的10年4届班主任工作,突然发现自己竟然是喜欢这"烦并幸福着"的工作的! 每天应对这一个个偶然又必然发生的问题。

10年时间里,我想我最大的收获是学会了"等",等他们长大,懂事!一个人的成长是漫长的,不可能在高中三年就突然长大。

我一直不认为教育的成效只是在校期间的规规矩矩,整齐划一,我觉得它应该是长效的,是能影响人一生的。

我希望他们是善良、宽容、勇敢、坚强的!

再见,10导游

我想说,10导游是我带的第四个班级,从三年前的7月我与他们第一次见面,到今年6月的毕业典礼,三年的时间,大家从陌生到亲如一家,我有幸参与他们人生最美好的三年,见证了他们的努力、进步和成长,看着现在出色又自信的他们,真是高兴。这应该是老师最大的幸福吧!

我还想说,我承认自己是一个感性又泪点低的人,但还是没弄明白为什么会为10导游班流这么多的眼泪:他们犯错了,我伤心流泪;他们成功了,我高兴流泪;他们成熟了,我感动流泪;他们毕业了,我又因不舍流泪……以至于他们觉得我就是个爱哭的人!其实我自认还是挺勇敢坚强的,流泪只是容易被感动罢了。

我爱10导游班的每一个孩子,在陪伴他们成长的同时,他们也让我成长。现在他们毕业了,我想起来《目送》中的一段话——"我慢慢地、慢慢地了解到,所谓父女母子一场,只不过意味着,你和他的缘分就是今生今世不断地在目送他的背影渐行渐远。你站立在小路的这一端,看着他逐渐消失在小路转弯的地方,而且,他用背影默默告诉你:不必追"。父女母子如此,师生又何尝不是如此呢?

再见,10导游!祝福10导游班的每一个孩子!

五、学生写给我的话

周记本中和学生的对话都被学生们带走了,幸好电脑中还存着2011年教师节时学生们发给我的短信。

杨老师:我从来不曾觉得教师是个多么神圣的职业。同样一张嘴,一双手,一双眼睛,两条腿,两只耳朵,却因为三尺讲台前对学生炽热的心变得不再一样。这样的人,她的嘴虽然怕学生嫌烦,却仍不厌其烦地讲道理;她的手折餐巾写周记评语,上课做心理工作;她的眼睛也许看不清所有的事物,只因为她眼里都是学生;她的双腿站在三尺讲台,把视为孩子的学生的前途一同站住。这就是您啊!所以注定留下的一双耳朵,里面会全是我们的爱,要我们慢慢说给您听。以后的每一次我都要多看您一眼,努力记住这张脸,这张美丽无比的脸。您让我在班里有像家一样的感觉。今天早上,当读到"当我们驶船远去,老师仍守在码头",我的心震动了。是啊,谁还能说老师不伟大？杨老师,我好爱您。我一定会爱您很久很久,因为我真的很爱您。

小敏

一直感激于您对我的多方关照。每周的周记您都有细细阅读。记得教中餐的您对我的情况甚是关心。点点滴滴的小事也透露出您对我们班集体的付出和关怀。值此佳节,祝您教师节快乐。

赵子语

杨老师:教师节快乐！您是我们班的班主任,早就听很多老师说过当班主任最累了,班里有大小事都要您出面,杨老师,您辛苦了！您很有亲和力,不像记忆中板着脸,还没到教室时,看守的同学就会喊:××老师来了。然后大家都感到无声的恐惧。您和我们就像朋友一样,今天我们谈到您,我们说,杨老师其实很搞笑,很幽默。我们都很喜欢您。在您颁布某项决定的时候,我总会在下面直接说出自己不满的地方,您也有找我谈过话,刚开始怕怕的,但您真的很和蔼,像朋友一样开导我。在您和我谈过后,我才发现原来真的有这种老师,能和我们成为朋友。您有这种气质。我会努力改正自己的缺点和不足。谢谢您,杨老师,希望微笑和快乐能长伴您左右。

章小萱

老师,当您看到这条短信的时候,您就已经拿走了我的一样东西。不仅仅是这条短信费的一毛钱,还有我比这一毛钱贵千倍万倍的心意哦。那个,我学习不怎么用功,态度也不算认真。虽然您不是专门只教我一个人,不过我想一个班级有像我这样一些不用功的学生一定让您很头疼吧。也许以后还要您操心很久,或许以前就已经让您很操心。真的让我说什么感人肺腑的话我也说不出来，而且要是让手机那头的您泪流满面也不合适对吧？教师节，老师您开心点就好。

苏晓月

　　杨老师，您好！谢谢您耐心，充满热情地照顾我们这群"猴孩子们"，无论我们做错了什么，您都没真正地怪过我们，放弃我们任何人。很高心您能来当我们的班主任，希望我们能更好地相处。最重要的是祝您教师节快乐！Happy！

任小嘉

　　可爱的班主任，第一次看到您的时候我就觉得您是个很可爱的老师，压根没觉得您会是班主任。在跟您相处的日子里，我觉得您其实不像表面那样弱弱的，虽然声音小小的但威力不小，您瘦瘦的身体要撑起一个班，真的很想说您辛苦了。您跟一般的班主任不一样，当我们获奖还有别的什么的时候，您笑得比谁都开心。我们如果惹祸了，您也许比谁都难过。在这个特殊的节日里，我只想说：老师节日快乐！还有，老师谢谢您，因为有您，我们的高中生活才精彩。老师您辛苦了。

王小英

　　亲爱的杨老师杨姐姐杨妈妈，我很庆幸自己的高中三年是在您的陪伴下度过的。我们都很喜欢您，喜欢像姐姐一样跟我们开玩笑的您，喜欢像妈妈一样关心我们的您。我一直觉得您是一位很棒很潮的老师哟，您教我们宽容，教我们大度。真的很谢谢您为我们付出的一切，我们的不懂事、孩子气让您操心了。您辛苦了，祝您教师节快乐！

王燕燕

杨老师,教师节快乐。一个男生不会说太多肉麻的话。但是,还是感谢您。高一的时候可能对您有过意见。不过经过一年的相处,发现您的确是个好老师。您一直对我有很大的期望,谢谢您。

郑小波

亲爱的杨老师,首先,节日快乐哦,做了您一年多的学生,我觉得很幸福。作为班主任,您总是在尽心地教导我们。10导游是属于我们的大家庭,谢谢您一直以来的付出,您辛苦了!在以后的两年时间内,我们会当好您的"孩子",一起加油努力!还有,希望年轻漂亮的杨小姐,永远年轻漂亮,幸福快乐!

陈小婷

今天,整理这些当年留下的文字,依然感觉很温暖,很幸福!因为它们记录了我和班级一起成长的岁月!

三

行 者 叙 事 篇

温　暖

　　教育是一个陪伴、唤醒和激励的过程,它的核心是向学生传递正能量。教师一个温暖的眼神,一句充满关爱的话语,就像是漆黑夜晚中的一支火把,冰冷冬天里的一抹暖阳,驱走黑暗与寒冷,带来光明与梦想。教师的温暖,是学生成长和快乐的源泉。我们用自己的心温暖学生的心,使学生有力量去追求,去梦想,去创造出属于他自己的美好人生。同时,我们也相信学生会把这种温暖传递给更多的人,那么我们的社会也会一天天变得更加温暖而幸福。

让阳光照进生命的缝隙

蒋竹芳

【案例背景】

15 园林班的 Y 同学是班里有名的"历史通",不论是中国古代史还是欧美近代史、现代史,他都能侃侃而谈,甚至可以准确无误地说出历史事件发生的时间、地点等细节;每次写作文他都喜欢大段地详细叙述历史资料,但叙述不清晰,主题不明确;平时寡言少语,但说话语速很快,口齿不清;比较自负,不管对方是老师还是同学,有时会直接爆粗口,据说是班里的一个"刺儿"。该生刚进校时学习还比较认真,但后来渐渐地被周围爱说话爱睡觉的同学影响,上课老提不起精神,总是睡觉,虽然经常提醒,但是收效甚微。

【案例呈现】

本学期一次语文课课前荐讲时,一个学生荐讲完后我做补充,说到布鲁诺提出并坚持自己的"日心说"而被活活烧死时,第一组传来大声的嘲讽:"'日心说'怎么是布鲁诺提出的,当然是哥白尼提出来的。噶傻的!"全班哄堂大笑……

"五一"放假回来的第一天,我要大家默写诗歌。好些同学都大声地说我没布置过,要求第二天再默写,这时又传来 Y 同学阴阳怪气的话:"大概是老年痴呆的预兆了。"

教卡夫卡的《骑桶者》时,因为卡夫卡是奥地利人,所以我说文章一开始就写出了奥地利普通百姓冬天缺煤的困境。这时又传来 Y 同学大声的嘲讽:"1917 年怎么有奥地利这个国家,应该是'奥匈帝国'!"其他男同学马上起哄……

对于前两次 Y 同学的表现，我虽然有些懊恼，但没有太放在心上，毕竟他只是个学生。但第三次出现这样的情况后，我想，得去"撼动"这棵"树"了，因为他连最起码的尊重意识都没有，而且有些学生自己也不知道生命中的"缝隙"。所以，下课后，我单独把他叫出来，首先承认自己说法的不严谨，然后虚心地向他请教奥匈帝国演变的历史，没想到他真的侃侃而谈，跟我在网上所查到的八九不离十。我当即表示以后要好好向他请教，并且给了他一个任务：下节课要讲《骑马下海的人》的写作背景，请他来介绍爱尔兰的历史。他很开心地接受了。当然，我顺便向他提了点小意见：如果下次老师在介绍课文历史背景时有错误或者不严谨，请他私下跟老师说，不要当着这么多同学的面直接否定或顶撞老师，并表示若真的有错误老师会纠正的。他马上很乐意地说："是的是的，是要给老师面子的。"后来在讲这篇文章时，我跟同学们说："现在请我班的'历史通'Y 同学来给大家介绍爱尔兰的历史，大家掌声欢迎！"……说实在的，虽然他讲得不怎么样，而且语速过快，咬字不是特别清楚，但我和同学们都给他了热烈的掌声。又如，有一次一个学生在荐讲成语"前车之鉴"时，只进行了翻译，没有按惯例举例子。于是我灵机一动，马上问 Y 同学能否举个历史事例来阐明这个成语，他很开心地上台来，随口就举了"二战"中的一个例子。我又大大地表扬了他，并让大家向他学习，多看书，这样不仅能充实自己的精神生活，而且写作时也有素材能用上。

一次次地以这种"阳光"的方式去"推动"这片"云"后，我发觉这片"云"也在悄悄地改变，不再是"乌云"了，比如：讲解《过秦论》这篇文章时，我讲到项羽如何牵制住了章邯的部队时，Y 同学在后面说"是邯（gān）吧！"，但口气完全没有以前"带刺"的味儿。当时我还真以为又是自己错了，马上按他的说法念了。可是回到办公室后，我打开电脑细查，发现我是对的而 Y 同学是错的。不过，我没有"以其人之道还治其人之身"，而是走到他座位边悄悄地跟他说，是"邯（hán），不是邯（gān）"，只见他歉意地笑了笑。

在讲到《一个人的遭遇》的小说背景时，我口误了，把 1941 年 6 月的"二战"说成了"一战",结果 Y 同学马上说"老师,是'二战'吧",口气明显不是原来的咄咄逼人,而是带有商榷、征求的意味,我马上道歉纠正。让人难以置信的是,Y 同学接着又说出德国进攻苏联的时间,竟然精确到 6 月 22 日的凌晨,我和全班同学又给了他热烈的掌声。

就这样,经过一次次的"推动",我感觉 Y 同学明显有变化了,再也没有说过不尊重人、让人难堪的话语,而且回答问题时语气明显柔和了;上课也很少睡觉,诗歌默写也不再不交了。我们的交流也多了起来,我鼓励他写作文时发挥他的特长,多用历史知识来充实文章内容,也指出了他以往写作中的缺点,他都虚心地接受了。

【案例反思】

古人云:"人之谤我也,与其能辩,不如能容;人之侮我也,与其能防,不如能化。"一位哲人也说过:无论做什么事情,你的态度决定你的高度。我们的教育对象中,难免有一些个性学生,说话做事常"带刺儿"。在教育的过程中,老师也难免会和他们产生矛盾,发生冲突,但教育的根本目的是"立人",立"人的外在形象",立"人的内在生命"。如果我们能以阳光的心态看待他们,并采用合适的方法积极引导他们,让阳光照进他们生命的缝隙,我相信这些个性孩子身上的闪光点会逐渐放大,"缝隙"会逐渐减少。在和 Y 同学的交往中,针对他的自负,我不仅没有冷落他,反而以冬日暖阳般的心态鼓励他发挥自己的特长,让他有一个展现的平台。即使他讲错了,我也没有幸灾乐祸公开报复,而是悄悄地纠错,给了他足够的面子,让阳光默默地照进他内心阴暗的缝隙,使其充满阳光。

其实,每个学生都是一朵花,有的是牡丹,有的是芍药,还有的是路边的小黄花。作为教师,无论学生是什么花,都要让学生尽其所能地绽放。"没有千锤或百炼,但水的舞蹈同样能将卵石吟唱成完美",作为"慢的艺术"的教育更是如此。

慈悲是最好的沟通

周建文

【案例背景】

教师不仅是知识的传递者,同时也是学生养成良好行为的执行者。中职生群体的自我管理和自我控制能力相对薄弱,对教师的教育管理存在一些先入为主的偏见和误会,这往往会给教师的教育行为带来很大的困难。如何帮助学生学会接受教师的管理,尊重学校的制度与规则,促进学生人格的成长与完善?这是教师工作的核心,也是教师工作最有价值和意义的部分。在师生关系发生断裂的时候,教师如何化解学生的对抗,寻找有效的沟通方法,修复师生关系,创造促进学生成长转化的心理空间?这是每个中职教师面临的真正挑战。

【案例呈现】

小赵是一位高一男生,独立、叛逆、爱面子,喜欢表现自己,在课堂上控制不住想讲话。了解到他这种特性后,我就经常在课堂上为他创造机会,让他主持一些活动,满足他的表现欲望,因此与他保持着较好的师生关系。

有一天上课的时候,他控制不住地讲话,刚开始我友好地提醒了他,可他还是没有停下来。最后我终于失去了耐心,他的无礼不断地消耗我的耐心,让我逐渐变得疲乏和困倦,并且影响到我上课的效率。想到一直以来我都对他这么有耐心,在他身上花了很多精力,却一直未能彻底改变他,我感到失望和无助,心里不断累积的对他的不满和抱怨,快要把我给撑破。另外,我也担心这种上课的情况被巡课的领导发现,我的课堂控制能力将会受到质疑。由此产生的心理压力让我再也无法忍受,我控制不住地当着全班同学的面严厉地批评了他,但他毫不畏惧,并且站起来准备和我大吵一场。在这种局面下,我面临着两种选择,一种是继续和他对着干,硬争到底,用教师的权威或者借用外部力量把他制服,以保全我作为教师的面子和尊严,但这会损坏我和他之间重新建立良好师生关系的可能性,我以后也很难进入他的心灵去帮助他。另一种是我继续忍耐,保全他的面子,等待双方都冷静下来的时候再找他谈话。我选择了第二种。

在有些教师看来,这是向学生示弱的表现,并且担忧以后再也制服不了学生的挑衅行为。但实际上对抗是解决不了任何问题的,只有理解与沟通才能对学生的成长产生积极的影响。第二种方案其实更难做到,这种情况非常考验教师包容和关爱学生的能力。不同的选择其实反映了教师是从减轻自己压力、宣泄对学生的负面情绪的角度,还是真正从有利于学生人格成长和发展的角度来考虑问题。因为学生的人格此时是处于混乱、矛盾、不统一的不和谐状态,而教师的人格应该是稳定、统一、宁静的和谐状态。在师生的交往或者矛盾冲突中,教师能以这种方式来继续处理和面对学生,接纳和宽容学生的混乱和不和谐,把他人格之中有"毒"的一部分接纳过来,而用比较无"毒"的方式来面对他,那么就可能为学生树立良好的人格榜样,让学生内化教师的人格特质,从而获得成长。事实证明,我的忍耐和包容是有价值的,事后我没有继续气他在课堂上冒犯我,而是主动找他谈话,他对我没有找他麻烦和记恨他而心怀感激,也非常诚恳地承认了自己的错误,并保证以后尽量克制自己的冲动。由此我和他以及他的朋友们保持了一种能够帮助他们成长的关系,在接下来的交往中能继续产生有益的影响。

在与小赵的交往过程中,我从跟他见面的第一天起,就一直对他非常礼貌,并且尊重他,但他总是不能信任我,把我当成对手和敌人来看待,之后我慢慢意识到这是一种"负面移情"的反应。我了解到在他的成长过程中,因为上课不遵守纪律,经常被老师批评和指责,所以为了进行自我保护,就养成了和老师对抗的习惯,也因此一直没有机会培养良好的自我控制能力,他现在又把以前对待老师的模式和情感转移到我的身上来。一旦我认识到学生的这种"情感"和应对模式并非仅指向我,也并非由于我做得不好而引起的,那么我就不会那么内疚,也不用背负着巨大的心理负担。因此我也就不用采取自我防御的对抗方式来对待他,这样我和他之间的关系就获得一种解放,双方都不用继续生活在过去不良师生关系的阴影之下。一旦我能控制好自己的情绪和冲动,以平静的心态对待小赵,他也能慢慢内化我处理情绪的方式和对待他的态度,逐渐控制好自己的情绪和行为,不断提高自我控制能力。

【案例反思】

个人自我控制能力的形成是对身边重要人物自我控制行为和能力内化的结果。如果学生在成长过程中,身边的重要人物,如父母、老师和朋友都具有良好的自我行为和情绪控制能力,并且能以这种良好的自我控制的方式对待他,那么,久而久之他就能够养成自我控制的习惯,把身边重要人物的情绪调整模式内化成自己的。如果他所处的环境中重要人物都不能较好地进行自我控制,并且把强烈的情绪和行为强加在他身上的话,那么,学生要么被强烈的情绪摧毁,变得胆小怕事,把自己的情感深深地掩埋,不敢表现出来,把环境和他人对他的攻击变成自己对自己的攻击;要么他挺身而出,用敌对的态度去面对他人的指责和批评,以更强烈的行为和态度反击回去,从而把他人无法自我控制的行为模式内化到自己的身上,以起到自我保护的作用。但学生也因此失去了培养良好的自我控制行为的机会,并且他会变本加厉地把这种行为模式运用到现在和将来生活的各个方面。

小赵自控能力低,其实反映了他早期生活环境的缺陷,没有机会培养自我控制能力。他因为学习成绩差,一直得不到老师的信任和关爱,自尊心一直无法得到满足,长期以往,他对老师慢慢变得非常不满,觉得自己没有受到应有的尊重。另外,由于他上课控制不住想说话,所以经常受到老师的批评和指责,他不知不觉中把老师对待他的这种模式学过来,以同样的方式来对待老师,但这种行为本身就意味着他的自我攻击和自暴自弃。自我控制能力的获得源自内在的自我发展和自我成长的结果。当小赵觉得自己在学习上成功无望时,他就丧失了成长的力量,所以他根本没有力量去自我控制和约束,也就形成了目前的这种行为模式。而当我能一改之前老师严厉对待他的态度,以尊重、信任和期待的方式来和他建立良好的师生关系时,他开始有了自我约束和控制的动力,但他刚开始对我还是抱着怀疑的态度。之后,在出现矛盾冲突后,我还能继续以平等、民主和慈爱的方式来处理时,他受到我的感染和鼓励,从而有机会停下自己的防御策略,开始内化我对待他的方式,重新学习以自我控制的方式来处理自己的情绪和行为,去提高自身的控制能力。

由此,我领悟到,慈悲就是爱,是进入一个人内心世界最有效的方法。教师唯有心怀慈悲才能与学生在心灵深处建立深刻的连接,使情感在两颗心之间相互滋养与流动,从而推动师生双方人格的不断成长与完善。慈悲,让生命变得更加美丽与绚烂。

用宽容滋润每个孩子的心田

唐　靓

【案例背景】

心理学家威廉·詹姆斯认为："人性最深刻的原则，就是恳求别人对自己的赏识。"教育学家苏霍姆林斯基也说过："有时宽容引起的道德震动，比惩罚更强烈。"教师只有学会赏识学生的优点，用宽容之心，包容他们的无心之失，才能取得学生的信任，从而使学生乐于接受教育。

当班级出现偶发事件，学生的错误并不是品行问题时，班主任若能更多地关爱这些曾经"受过伤"的孩子，理解他们的思想和内心感受，小心翼翼地去接触他们的心灵，以赏识与宽容之心去唤起他们的自省意识，培养他们的自信之心，那么，今天的错误就将成为他们明天进步的起点。

【案例呈现】

刚接手一个新班级，还没开学，我就接到一个男生家长的电话。原来，这孩子在初中是个有名的淘气大王，上课时总是随便接老师的话，引得全班哄堂大笑，严重影响老师的正常教学，家长也因此常被老师请到学校。最后，大家拿他没办法，就让他一个人坐在教室最后面。他妈妈主动打电话告知我这些情况，希望我多担待。

因为这个电话，我对这个孩子十分关注。

进班第一天，他果然表现得与众不同：一是他来到新环境，完全没有陌生感，胆子大，敢说敢动；二是他对集体的事很热心，自己举手争着当了班里的体育委员（因为他说自己最喜欢站在队伍的前面）。我心想,这孩子还不错嘛。

然而上课没几天,问题就开始出现了。首先是任课教师纷纷向我反映,说该同学上课很不严肃,不是走神、开小差,就是接话茬逗人取乐。紧接着同学又向我报告,说他利用职务之便私下和隔壁班级进行了一场篮球赛,输球后恼羞成怒,把对方同学撞伤在地,还打伤了人家的脑袋。

了解到这些情况后,我没有立即动怒,而是冷静分析了一下这孩子的心理:他来到这个新集体,应该是想好好表现一番,给新老师、新同学留下一个好印象。可是他毕竟是个孩子,以往养成的习惯,岂是说改就能改掉呢? 于是我悄悄将他请进了我的办公室。一进办公室,他歪着脖子,撅着嘴巴,一副准备挨训的架势。我微笑地说:"今天请你来,主要想和你聊聊天。"他抬头看了我一眼,似乎有点疑惑。我问他对集体感觉如何时,他想了想,点点头非常认真地回答:"很喜欢!"随后,他又不好意思地告诉我,他现在很想好好表现,只是有时实在管不住自己。于是,我肯定了他性格开朗、热心班集体事务以及篮球打得不错的优点,客观地分析了他这段时间的表现,然后向他提出了若干条希望。他表示以后会更努力。

随后的一段时间,他真的表现不错。可是像他这样的孩子,要想从根本上解决多年以来形成的问题是比较困难的,难免会有反复,需要不断地提醒、督促。于是我利用 QQ 经常和他聊天,及时指出他的问题,同时对他取得的哪怕一点小小的进步进行表扬、鼓励,逐步培养他的自信心。记得有一天中午在校园里遇到他,他问我:"老师,我真的有优点吗?"我笑着跟他说:"你英语口语好,又热心班级事务,是我的好助手哦。"他"狡猾"地笑着,跟我说:"老师,我真的有这么好吗? 你能跟我妈妈说说吗?"我说:"当然可以了!"当着他的面,我给他妈妈打了电话。沟通之后,我才知道,他昨晚想买新球鞋,妈妈说如果他在学校表现好就给买。他站在一旁,听着我说"他英语口语很好""是的,班级的事他从来都是积极参与的",嘴角忍不住越翘越高,眼睛也闪闪发亮。

在情感投资的同时,我也不断给他创造施展特长的机会。例如他热爱运动,学校运动会的班级代表队我就交给他组织,他总是带领男生赢得一块又一块奖牌;他喜爱唱流行歌曲,班里搞联欢活动,我请他为大家演唱;他的语言条件不错,英语课上,就经常请他为大家表演,赢得同学们阵阵掌声。他热心班级事务,学校艺术节我们班举办学生服饰大赛,我让他负责组织策划(后被评为一等奖)……在这些活动中,他一次次达标,一次次获胜,感到步步有希望,处处有成功,更增强了他的自信和勇气。

渐渐地,我发现他真的变了,变得越来越懂事,上课不再捣乱,学习成绩也有了很大的进步,成为同学、老师、家长称赞的优秀学生。毕业时,他因为表现出色,成为杭州萧山机场的地勤人员。一年后我再次见到他时,他言谈举止规范得体,俨然是一名训练有素的机场工作人员。

今年教师节,我又收到他发来的短信:"谢谢您一直以来对我的包容和帮助!就像那句歌词:就算整个人间开始下雪,走近你的身旁,就看到了春天。"我想,这也许这就是做班主任最欣慰的时刻。

【案例反思】

我坚信"每一个人都有一颗成为好人的心",面对学生时,我更愿意去发现他们的可爱之处,更乐于发掘他们的优点,包容他们的不足。所以,当我发现学生出现失误时,愿意以宽容的态度,从发展的角度来分析问题,给学生改正问题的时间,给他们成长的机会。

教育学家苏霍姆林斯基认为,"世界上没有才能的人是没有的。问题在于教育者要去发现每一个学生的禀赋、兴趣、爱好和特长,为他们的表现和发展提供充分的条件和正确的引导"。职业高中的学生尤其需要教师的发现与引导。我们的学生在情感体验上可能比同龄人更丰富、敏感,更渴求得到别人的尊重。尤其是平时表现不佳的学生,听多了老师的批评与指责。如果能更理解他们,当他们有良好的表现时能及时褒奖,他们会感到莫大的满足,从而表现出较高的热情,并由此发挥出他们身上蕴藏着的巨大力量。

只要我们在工作中多一些耐心,多一些爱心,多一些理解,多一些信任与宽容,能给予学生鼓励和欣赏,学生就会多一份自信与自尊,多一些努力,多一点成功,而这一点成功的体验又将进一步强化孩子的自信。

莎士比亚说:"宽容就像天上的细雨滋润着大地。它赐福于宽容的人,也赐福于被宽容的人。"宽容是一种教育智慧,是一种教育修养,是一种对学生成长的期待。让我们用宽容滋养孩子的心田,滋养每一颗渴望飞翔的心灵。

"冷一冷"与"热一热"的妙用

傅 茜

【案例背景】

徐同学是一个性格外向、个性张扬、干练的女生,善于人际交往,是班里的核心班干部。她学习成绩优秀,班级工作积极负责,在班级管理当中号召力和执行力都比较强,是班主任和任课老师的左膀右臂。但由于正处于青春期,加上本身性格的特点,她比较容易犯错误,而且不太勇于正视自己的不足和缺点,不太善于管理自己的情绪,偶尔会冲动,容易意气用事。良好的班风的培养,要靠严格班规班纪和发挥班干部的模范榜样作用,徐同学作为核心班干部成员,言行举止在班级里一定程度上有示范效应。因此,让核心班干部充分发扬优点,克服缺点,遇挫能调整好自己的情绪,对创建一个良好的班集体具有重要意义。

【案例呈现】

下面是本学期发生在徐同学身上的几件事:

事件一:在德育课上,因为没有充分准备好自己小组的德育小品被老师相应扣分,徐同学情急之下和老师发生了言语冲撞,这样的行为在班级当中造成了较大的负面影响。

事件二:全市会考抽测复习期间,植物识别课补课后,徐同学作为小组长,被老师要求辅导小组组员"帮扶活动"查漏补缺。但徐同学由于自身原因想按时放学,不愿意为同学耽误自己的回家时间,当着全班同学和任课老师的面,耍起了小脾气,当了"甩手掌柜"。

事件三:课间休息时间及晚自修时间,班主任老师要求全班同学抓紧时间复习,不能在教学区域和教学时间阅读和专业学习无关的小说等课外书籍,该生视班规班纪为无物,公然跟老师顶撞,反对该项班级规则,对班级造成了极其不良的影响。

作为班主任,在第一件事情发生后,我便开始了解该生的家庭情况,了解到该生近期有心事,导致经常情绪失控。我的第一反应是,撤销她的班干部职位,撤销相关荣誉,上报专业部纪律处分。但我心里又知道这样做并不能真正地帮助她吸取教训,获得成长,反而可能会让她自暴自弃,跟我的关系彻底崩裂,以后我就很难走近她了。再者,对于一个性格张扬,容易意气用事的孩子而言,我这样处理更容易激发她的叛逆行为,使她本已烦躁的心情更加糟糕。

于是,我准备耐心等待,冷静地寻找教育的契机。在接下去的几天,我认真仔细地关注了她的日常表现,包括班级工作、学习情况、住校情况等,发现她在班级工作、学习、生活等方面都没有受很大的影响,一切显得风平浪静,甚至有些时候对班级工作她还比较上心。作为老师,在平时我一定会对学生及时表扬,但是这段时间我在默默观察、默默关注她的同时,也"冷"了她一段时间,无论是工作表现出色,还是成绩考得好,我都抑制着要跟她摊牌的冲动。

终于,经过我一段时间的"冷处理"后,徐同学似乎察觉了什么,我们俩在管理班级自修课时,四目相对,有了想要对话的默契。我们找了一个静僻的谈话室,一进门,她便抑制不住地流泪,说:"老师我错了。"此时的我也不仅仅是班主任,更像是她的大姐姐,给了她一个拥抱以后,我让她静坐下来,给她吃了点甜点。"这段时间老师一直在关注你,发现你可能有些心情不好,老师也很担心你,最近心情好些了吗? 有什么老师可以帮助你的吗?""没事,老师,我是暴脾气,加上可能快要会考了,压力比较大吧。""好吧,我也是暴脾气,所以老师对你特别理解。"然后,我们"暴脾气"师生四目相对,会心地笑了。"那我们再聊一聊最近发生的事情,可以吗?""好的,老师。"在安慰了学生的情绪之后,我把三件事情一一分析给她听,是利是弊,孰轻孰重,事后对老师对同学该如何处理,让她自己得出结论。两天后,当她拿着说明书(她自己陈述的事情的经过,自己的反思和自己制定的今后的目标)主动来到办公室找我时,我会心地笑了。我觉得在这件事上,我想要达到的教育目标终于水到渠成了。

【案例反思】

众所周知,跌打损伤后的 24 个小时内需要冷敷处理伤处,24 小时后再进行热敷处理才能有最好的效果。冷敷,是为了让损伤处的血液尽快凝固;热敷,则是为了在瘀伤凝固后加快血液循环,减散瘀血。一冷一热,一张一弛,各显功效,冷热处理也同样适用于班主任班级管理工作。

每个学生都会犯错误,但我们要帮助学生从错误中吸取教训,让学生能为自己的行为负责任,在错误中成长。在"冷一冷"的过程中,让她有了一个对自己的行为进行反思和体会的空间,因此在谈话时她能勇于承认自己的错误,并且也同意了我对这件事情的处理办法。在接受了应有的惩罚之后,在班级管理工作上、在各科学习上,只要有表现出色之时,我便会"趁热打铁"地表扬她,逐步增加她的信心,这样我们的师生关系又慢慢地升温恢复。在我能够镇静对待学生的一个个问题,并寻找恰当的时机帮助学生从中学习成长时,整个班级正能量也逐步浓烈,班级氛围逐渐改善,我想这是恰到好处地采用"冷热处理"结出的美好果实。

学生最"不值得爱"的时候,恰恰是学生最需要教师爱的时候。如何让学生感受到爱,感受到被爱,教师恩威并重,软硬兼施的手法,有时候是教育学生的灵丹妙药。根据学生的身心特点,冷热结合,刚柔并济,以刚制柔,以柔克刚。对女生用"刚",则有震撼力;对男生用柔,则能化解顽石。教师对学生进行批评教育要有"后劲",意在言后,力求点到为止,留给学生自我批评、自我反思的时间,让学生自己在思考中成长。并且,青春期的孩子容易冲动,在事发第一时间,教师如果急于批评教育,会让他们听不进道理,也会让他们觉得老师不留情面。"冷一冷"当时的情绪,然后"热一热"事情经过,冷热结合,这样一来,学生既容易接受老师的批评教育,又会对老师的宽容产生感恩之心,从而获得动力去鞭策自己尽量少犯错误,不断进步。反之,如果老师对学生的错误絮絮叨叨,百般责备,学生会产生逆反心理,结果听不进教师的教导,反而失去一个教育的好时机。

聆听，世上最美的动作

张　婷

【案例背景】

周五晚上本该是周末假期的开端，我却接到了专业部副主任的电话，询问我班同学 S 的联系方式，并告知我 S 可能参与了一起打架事件，要接受调查。据派出所掌握的信息，我们学校解放路校区的学生之间发生口角，找来了滨江校区的 Z 同学帮忙，S 与 Z 平常一起回家，就跟着一起去了。滨江校区 Z 同学等几人动手打伤了对方的同学，有学生称当时 S 也在场。由于派出所要了解事件的具体情况，当晚就需要 S 在家长的陪同下去派出所录口供。

经过派出所的调查，S 并没有直接参与打架事件，只是在旁边围观做"吃瓜群众"，我心中的一块大石总算是落下了，不过内心还是有点小懊悔。假如这种情况是第一次发生，我不会如此纠结，令我不解的是类似的事情在前一周就在 S 身上发生过，当时苦口婆心地教育了他半天，结果一周后又"旧事重演"，是否是第一次的教育就出现了偏差？

【案例呈现】

班主任的第六感

一周前，酒店专业部的两名同学傍晚在食堂门口发生冲突，差点打起来。我们班的 S 与事件中的 C 玩得比较好，每天放学和 C 一起回家，我把 S 叫到办公室询问了事情的经过，得知他当时并没有卷入争吵，只是在一旁充当"吃瓜群众"。

　　但"吃瓜群众"有可能起"助威"作用,也会给自己惹麻烦。为了避免以后发生类似事件,我就苦口婆心地劝他:"以后别人打架不要围观,如果发生打群架的状况,你事先知道又跟着去的话就会被视为聚众斗殴的从犯。你以后就别去看了,知道了吧?"他点点头,我还不放心地多问了一句:"以后别人打架,你还会不会去看?"谁知他回了一句:"无聊就去看呗。"我就问他什么让他觉得无聊,他想了想告诉我:"除了打篮球以外,都是无聊的。"我瞬间不知所措……想起高一时找他谈话,他就没有找到过自己的目标,我也很尴尬,就最后嘱咐了两句:"以后再遇到类似的事情,有能力就帮忙劝劝架,没能力就立即联系老师。"他无所谓地点点头就走了。

　　阶段反思:我对于他的教育方式,一开始就把他摆在了犯错误的学生角度,还未了解情况就下结论开始批评教育,根本没有给他讲话的机会。对于事情背后的原因也没能深入地挖掘,加大了学生与老师之间的距离,可以明显感到后期的对话中他有敷衍的态度。

　　虽然这次事件S并没有参与其中,但班主任的第六感告诉我,如果下次出现类似的情况,他说不定还会去。一味说教并不能取得良好的效果,由于没能站在学生的角度分析和看待问题,这次谈话没能起到引导的效果。

聆听的作用

　　周一,我把他找到我办公室,并没有直接谈起周五下午发生的事情,而是问他为什么觉得学习生活那么无聊,只有篮球才能激发他的兴趣。他思考了一下:"学习太累了觉得学习没意思,生活中没啥感兴趣的,只有打篮球是每天生活的追求。"慢慢地,他敞开了心扉,谈到当初练短跑时,把脚踝和膝盖扭伤了,家长就不让他练了,现在的学校和专业也都是家长选的,他自己一点也不喜欢。我点点头道:"怪不得你现在只能打篮球解闷了。"他诧异地看着我,感觉第一次有人能体会他感受似的,郑重地点了点头。

　　我就顺着话题问下去:"那几个打架的同学里有你打篮球的朋友吧? 你能说一

下具体的情况吗?"结果他不像以往那样一句话应付我,而是把事情经过详细地告诉了我。其实事情本身只是同学之间发生了口角,其中一方找到了 Z 帮忙,Z 是那种为了兄弟不管事情对错就去"两肋插刀"的"好兄弟"。我点点头接着问:"那些同学为什么发生了事情就想到用武力解决呢?"他很自然地就说:"我们转塘那边都是这样解决问题的。"我很诧异地问道:"那你考虑过你们这样做带来的后果吗?"他很认真地看着我:"我也考虑过的,我知道这么做自私了些,家里人可能会很伤心,所以不是真朋友我是不会帮忙动手的。如果我出了事,他们也会为了我赴汤蹈火!"我并没有急于纠正他的想法,只是说了一句:"很感谢你,愿意把你的想法与我分享。"他的表情也没有了一开始的戒备,轻轻地说了一句:"也谢谢你,愿意听我把话说完。"

阶段反思:善于聆听,是一种教育智慧,更是一种教育艺术。从某种意义上来讲,让学生倾诉,教师耐心聆听,这本身就是有效的心灵引导。同样,只有你重视他的倾诉时,他才能认真地聆听你的看法与意见。我们只有设身处地地站在他们的角度思考问题时,才能了解问题的真正症结,这时候再去处理问题就能事半功倍了。

教育在路上

事后,我做了问卷小调查,让同学们对于周五的事件发表自己的看法,"如果你的朋友遇到困难需要你帮忙,你会怎么做?"有好几个热血的男生与 S 的想法一样,会为了朋友不惜付出可能犯罪的代价。我最后问了他们一个问题:如果你的兄弟因为帮你而触犯了法律,那你将如何面对他亲人的质问? 他们沉默了。

我又趁热打铁,在德育课教授《意识的作用》时,放了一段复旦教授陈果谈"朋友"的视频。在视频中,陈教授说:"朋友应该是无用的,无功利之用。朋友不是为了索取,相反是为了奉献,因为这个人让你感到了精神上从未有过的默契感,他不是你的亲人,跟你没有血缘关系,但他在看到问题时经常能跟你达到精神上共鸣。

这种认同会让你不愿意给他制造麻烦,朋友不是日常用品,朋友是奢侈品,什么叫奢侈品,你一旦拥有他你就有心灵上的满足感。在我遇到危机的时候,你什么都不用做,你只要陪着我就够了。"同时,我一直在默默地观察 S,他在看视频时,时而皱眉,时而思考,听到我最后的分析时,他轻轻地点了点头。不仅仅是 S,还有那些热血男生,在看视频时也格外认真,我不知道这种方式是否成功了,但至少我给他们提供了另一个看问题的角度。

【案例反思】

在一次次的对话中,我慢慢走近了这个孩子的心灵,虽然我不知道他下次遇到类似事件的时候会如何处理,但我想他应该比现在的他更成熟,考虑得更多。就像雅思贝尔斯在《什么是教育》一书当中所提到的:"教育就是一棵树摇动一棵树,一朵云推动一朵云,一个灵魂唤醒另一个灵魂。"当我把自己带入他的身份,用"共情"的方式去了解他做出判断的原因时,我感觉我们的心灵更近了。

所以,在学生出现与我们思维惯性相反的举动时,我们应该通过聆听去了解这些行为背后的原因,而不是讲大道理。班主任工作中的许多"怎么办",其实都是通过语言来解决的。正是在和孩子们一次次谈心中,我们的心和孩子的心贴在了一起。在处理行为上出现偏差的学生时,首先,必须聆听,找寻他与社会价值观相背离的原因。其次,采用"共情"原理,理解学生,站在学生的生活环境中,考虑他的思维模式是如何形成的。最后,针对他所存在的意识偏差,找到合适的突破口,最好是以他的实际经历或者身边同学的案例为辅助,让他打破自己思维的禁锢。我不打算再追根究底地去了解他的思维到底有没有转换,在这个案例中,我深深地感受到了聆听的作用,这种聆听是双向的,我也在其中获得了成长。

特别的"爱"给特别的"他"

罗建基

【案例背景】

在多年的班主任工作中,有太多的忙碌点滴,有太多的育人感悟,但我印象最为深刻的还是一位特殊的冯同学的故事。2013年9月,我接手了一个高一年级的新班,正当满怀信心地想要实施自己的教育理念时,发现班级有一位特殊的冯同学。冯同学特殊在行动上与同龄人不一样,准确地说,他走路一瘸一拐,没有丝毫的平衡感,在一群行动正常的学生中,你一眼就可以看出他的与众不同。冯同学除了身体上的特殊,其智力发育也有些特殊,准确地讲,他的智力停留在小学高年级阶段,除了语言书写能力勉强正常外,其他智力能力,特别是动手和思考能力极其薄弱。造成冯同学特殊的原因是其小时候遭遇的一次严重的医疗意外事故。

【案例呈现】

特别的爱给特别的他

从教这么多年,第一次遇到这样特殊的学生,我心中五味杂陈,第一反应是"学校怎么会招这样的学生?";第二感悟是"怜之其父母,佩之其父母";第三苦愁是"以后我该怎么办?"现在回顾当时的心境,还历历在目。三年已过,冯同学在校期间平稳度过,也顺利毕业。回顾其教育管理经验,感受到特别的他需要给予特别的爱,爱才能促进学生的成长,爱才能给学生和自己带来真正的自由。

1.接纳他是解放自己

作为班主任,当班级里有这样一位特殊的学生时,抱怨和苛责任何一方都解决不了问题。这位特殊的学生实实在在就在我的班级,每天都会出现在我的视线里;而且不出意外,他将跟随我三年。我静下心来,努力调整不良心态,当时心里默念得最多的一句话就是"当我把他看成魔鬼,那我就天天生活在地狱里;当我把他看成天使,那我就天天生活在天堂里"。我在心态上做的第二个改变就是降低对冯同学的育人目标。只要他能在学校感受到温暖,我就成功了一半;他若能更上一层楼,学到知识和技能,我就功德圆满。三年中,我在这样的心态中参与对他的管理教育,在心情上一直是平静愉悦的。在今天看来,这一点至关重要。

2.每个学生都能受到"合适"的教育

冯同学在校三年期间,除了班主任外,还要面对不同要求的不同授课教师。针对冯同学的特殊情况,要很好地完成育人目标,仅凭班主任一人之力是很难实现的。每学期开学之初,作为班主任,我都会与每一位授课教师交流其特殊情况,探讨针对冯同学的授课策略。每隔一个星期,班主任、授课教师之间都会聊聊冯同学的近况。在日常教学中,只要冯同学稍微有一点不对劲,老师们就会互通信息,交流经验。印象最深刻的是餐饮课,由于冯同学动手能力极弱,要完成摆台的技能操作难度太大,但根据学校的要求又不能不完成。授课教师除了一遍一遍手把手地教外,还与其家长联系,给予家长操作视频和材料,先让其家长学会,然后让家长在家多次教他。功夫不负有心人,冯同学的摆台技能基本合格,类似于这种例子的教学案例不胜枚举。在过去三年中,上至德育校长,下至每一位授课教师,对冯同学的情况和信息都是时时关注,做到心中有数,手中有策。教师要真正实现"让每一个孩子都能受到教育"是不容易的,特别是针对一位特殊学生,教师们所花的时间和精力往往是教育普通学生的若干倍。

【案例反思】

关爱是最动人的力量

对冯同学的管理和教育过程中,最难处理的不是他本人,而是与他朝夕相伴的同班同学。开学伊始,同学们一个劲地嘲笑他,嘲笑他的动作不协调,嘲笑他含糊不清的吐字和说话,嘲笑他一系列与众不同的特异行为。在特异行为司空见惯后,同学们就开始讨厌他、孤立他。因为处在这个阶段的孩子都有群体需求,冯同学也不例外,只要他一主动与其他同学接近或交流,其他同学就远离他,甚至还在语言上嘲讽他。另外,这个年龄段的男孩子有青春情感需求也是再正常不过,冯同学也是如此。在一个阶段,冯同学喜欢上了隔壁班一位比较漂亮的女同学,就天天前往隔壁班看这位女同学,并告知隔壁班其他同学。该女同学觉得被冯同学喜欢是一件非常可耻的事情,只要一见到他就辱骂他,两个班的其他同学嘲笑般地竞相"传诵"这个故事,一时满城风雨。

作为班主任,想要让其他同学在短时间内完全接纳和关爱冯同学,这是不现实的,如何减少同伴对冯同学造成新的伤害是第一步,然后才是教育同伴伸出仁爱之手。作为班主任,我首先召开了一个没有冯同学参加的"换位思考,关爱彼此"的主题班会,整堂班会课,我讲了一个与冯同学相类似的例子,绝口未提冯同学,让同学们自己去感悟和思考。接着,我与班长、副班长、团支部书记、学习委员等班委干部单独沟通,从班干部做起,让他们在对待冯同学一事上,要伸出关爱之手,放弃偏见,学会接纳。然后,我在班级里找了几位富有爱心的同学,动员他们主动与冯同学接触,并把冯同学与他们分在一个小组,无论学习还是活动他们都在这个小组中。久而久之,这些"特定"同学把冯同学当作自己人,在学习和生活上帮助冯同学,当别人取笑他时,他们也会站出来加以阻止。针对辱骂冯同学的同学,我先是听取这些同学的烦恼,然后提出一个问题:"假如你们互换,你是冯同学,你该怎么办?"以此引导学生换位思考。再用一些小故事启发学生去感知和体会"真正的强者与弱者""关爱是最动人的力量""人性的善良"等道理。最后,我再三提醒冯同学,有任何不快和想法,随时都可以来找我聊天。在这三年中,只要是冯同学找我,无论大小事,我都先倾听他的想法,再用他的思维和与他相仿的语言、语气与其交流;在日常的一些管理中,只要冯同学有一些不错的表现,我就在全班同学面前表扬他、鼓励他。老师们日复一日地给予冯同学特别的关爱,其他同学久而久之也被深深地感染了,对他有了认同感,不仅没人欺负他,而且在很多场合都会主动关心他,甚至是保护他,让他在学校、在班级中感受到尊重和关爱。

当然,针对冯同学的管理教育,还有一些其他做法,比如相当紧密的家校沟通联系等,在此就不一一罗列。作为教师,也许从自私的角度,我们不想遇到这样特殊的学生,但当我们真正遇到这样的学生时,我们用什么行为来真正诠释"教书育人"和"社会公平进步"的内涵,就显得非常重要。个人认为,仁爱之心和智慧教育行为是诠释其内涵的两把钥匙。

温　柔

　　温柔的态度是教师对学生人格的尊重,是对学生存在状态的深深的同情和关注,是对学生爱的表达。温柔像一把小巧玲珑的钥匙,轻轻地打开学生的心扉,化解学生心灵的防御和抵抗,增进师生间的理解与包容。温柔是创建良好的师生关系的基础,使教师的情感有机会流入学生的心田,滋润学生干涸的心灵。温柔不仅是教师高尚品格的体现,同时也是最佳的一种教育技巧。

为孩子缝合翅膀的人

谭蓉琳

【案例背景】

这是发生在"保安班"的故事。这个班很特别，32名学生，清一色的男生；由于未来的就业方向基本上是杭城各大宾馆的安保人员，因此报考人数少，生源基本来自城郊接合部的农村家庭；录取的学生除了体育优秀之外，其他各科成绩都是全校倒数第一。当时班里有一位小周同学例外，他来自知识分子家庭，父母都是高校的老师，他中学就读于学军中学初中部，这可是杭州数一数二的初中。他初中的同学大都升入重点高中，而他却由于自己的不努力只能就读职业高中的保安专业，与他的同学形成鲜明的对比。

入学时，他不愿报到，是母亲好说歹说并陪着他来学校的。母亲希望他在保安专业吃吃苦，练就一副好身体，但他自己却是一百个不情愿。入学后不久，由于不满意自己的就读环境，再加上保安专业的训练非常辛苦，他产生了逃避心理。为此，入学一个月后，他就瞒着家长、老师，称病不来上课。一周之后，在万般无奈之下他和他的母亲才告诉我，他其实并未生病，而是和以前的朋友外出打工，寻找新的出路。

【案例呈现】

当时，我非常生气。开学伊始，正是给学生做习惯养成教育的阶段，这么目无校纪校规的学生，完全可以当作典型事例给予处分，或者劝其退学，并以此告诫其他学生。可后来我静下心来仔细地想了想：如果我年轻二十岁，我肯定也会有他这

135

样的想法。在这大千世界里谁不渴望找到属于自己的坐标？他敢于去寻找,说明他不满足于现有的状态,所以开始审视自己,开始为自己担心,开始为自己寻找更好的出路。如果我执意处分他,看似解决了问题,教育了其他学生,但却压抑了学生对美好未来的向往,也让他以后再也不敢讲真话;如果让他就此退学,可能会让他就此混迹于社会,甚至会毁掉他的一生。我觉得这件事不可以这样简单地处理。于是,我在征得学校和家长的同意后,特许他再到精彩的世界寻找一周,并让家长做好监督和管理工作。一周后,小周同学重返课堂,并在班会课上讲述了他在外两周的经历。这次经历不仅使小周明白了外出打工的艰辛,还使他深深地体会到在飞速发展的社会里,仅有初中学历是远远不够的。从此他安心在学校学习,而且比以往更自觉、更努力,高中三年再也没有出现旷课现象。而且,这次经历,也使他更渴望锻炼自己的能力。在这三年里,每逢暑假,他都外出打工,并不断到各级培训学校充实自己,先后学习过调酒、音响控制、烹饪、汽车驾驶等。高中毕业后,他又大胆地选择了模特行业,并在没有任何社会背景的情况下,毛遂自荐,先后到广州、上海、北京谋求发展。最后以最“IN”的形象,打入世界著名时装杂志,开创杭州男模先例(详见《钱江晚报》1999 年 11 月 14 日报道)。若干年后,他在电话中告诉我:“感谢老师您总是能为我们着想,从不压抑我们的个性。正是由于您的鼓励,让我有了闯世界的勇气!”

【案例反思】

处分不是万能的,教育要以学生的发展为目的,要为学生的未来着想。在遇到学生的突发情况时,不要用简单粗暴的方式处理问题,而是要站在学生和家长的立场上,慎用处分,寻找更适合的方法。借用于丹老师的一段话:“每个小孩子都是天上的天使,因为翅膀断了才落到地上当孩子。每个孩子小时候,都记得天空和飞翔。来到大人的世界,只要大人不训斥他们的鲁莽与荒唐,鼓励他们,为他们重新缝上翅膀,每个孩子都可以重新做回天使。”希望我们每位老师都成为为孩子缝合翅膀的人!

"我—信息"在师生沟通中的运用

兰伟东

【案例背景】

沟通是人与人进行情感、思维交流的一座桥梁,而良好的沟通就需要互相传递各自的信息。沟通中的信息可以简单分为"你—信息"和"我—信息"两种。"你—信息"主要是对人或事物加以批判、猜想、评价、判断的信息,"你—信息"一般以"你……"开头;"我—信息"是指真实一致地表达自己的感觉与经验,不包括对他人的评价的信息,一般以"我……"开头。换句话说,"你—信息"就是命令、威胁、利诱、说教、说理、忠告、批评、责备、称赞、同意、骂人、确认、分析、诊断、质问、试探、讽刺等语气,可能会伤害到倾听者的自尊和感情;而"我—信息"则是表达自己内心真实的感受和情感,让倾听者了解自己的心情、感觉,没有伤害性,因而更容易让人接受。因此在人与人的沟通中,尤其是老师与学生的沟通中,用"我—信息"这个沟通技巧,会取得更好的沟通效果。下面就以一个真实案例说明这个沟通技巧的运用。

【案例呈现】

我班是一个五年一贯制班级,学生总体比较乖巧,和他们的沟通都很和谐顺畅,唯一让我有点头疼的是 G 同学。G 同学是一位胖胖的男生,平时比较懒,作业能少做就少做,能不做就不做。父母对他比较严格,管作业还像管小学生,有时甚至会动手打他。他还有一个弟弟,但是家庭里他总是被批评的那一个,甚至有时弟弟也会欺负他。应该说他对别人的批评或者说话的语气较敏感,也比较自卑。

全国计算机等级考试前一个月,全班同学达成一致意见,每天中午在教室考一份计算机理论模拟卷,考完当场批改,分数不合格的同学放学后留下来继续背诵理论知识。有一天,G同学理论考试不合格,但是他放学后就想背着书包赶快走。当时我已经等在教室里,看到这个情形,我和G同学发生了以下对话:

我:"你今天计算机模拟考不合格要留下。"

G:"我不想留,我能考合格。"

我:"你为什么对自己的要求那么低,考个优秀不是更好吗?再说,你不努力,万一不合格呢?"

G:"我肯定能合格,干吗一定要考优秀。我就要回去。"(背着书包头也不回地走了)

我:……(生气中)

生气过后,我进行了反思,到底我们之间的沟通出现了什么问题呢?联想到G同学的家庭背景及个性特点,我决定改变我们的沟通方式,多用肯定和鼓励的语气("我—信息"),少用指责批评的语气("你—信息"),站在他的角度理解他、支持他。第二天,我找他谈话时,心里一直告诫自己,注意讲话方式,少用责备、评价以及建议的方式和他交谈(用"我—信息"沟通技巧)。下面是我跟他的第二次谈话。

我:"你模拟考不合格,我很担心,因为我怕你正式考试时也不能通过。"

G:"我晚上回家也会背理论题,我想考合格应该没问题的。"

我:"我觉得考一个合格的分数也是可以的,因为学习是你自己的事情。"

G:"我也想考优秀,可是我觉得我不行。老师,你觉得我可以吗?"

我:"我认为你绝对没问题啊,你只要把老师给的复习题都背出来,一定能考优秀哦。"

G:"嗯,好的。我尽量去背。"

虽然 G 同学答应好好去背计算机理论了,后来的计算机考证成绩也取得了良好的成绩,但是他的一些不良的习惯偶尔还是会反复,比如作业不交、英语单词不肯记等等。我在以后的每一次谈话中都牢牢记得用"我—信息"的技巧和他沟通,我们之间的关系也变得越来越和谐了。结果有一次在和他沟通迟到问题的时候,他居然也用了"我—信息"的方式和我沟通,让我既惊喜又感动又意外。下面就是这次谈话的内容:

我:"你今天上午上学迟到了,我很担心。你是发生什么事情了吗?"

G:"老师,很抱歉让您担心了。今天早上公交车来迟了,我也很担心您会担心我呢。"

我:"哦,没关系的。老师很高兴你能想到老师会担心你。但是下次还要再早一点出门哦。"

G:"嗯,好的。我下次一定会再早点的。"

【案例反思】

在第一次对话中,老师所用的都是"你—信息"模式:"你今天计算机不合格要留下","你为什么对自己的要求那么低,考个优秀不是更好吗?再说,你不努力,万一不合格呢?"学生对此产生了抵抗抵触的心理,他感受到的是老师对他的批评、责备以及恨铁不成钢的情绪,因而他很抗拒。而在第二次对话中老师用了"我—信息"模式:"你模拟考不合格,我很担心,因为我怕你正式考试时也不能通过","我觉得考一个合格的分数也是可以的,因为学习是你自己的事情"。整个过程中老师都没有对他进行评价或者责备、批评,而是真实地表达了自己的关心和担忧。学生没有感受到老师批评、责备的情绪,反而感受到了老师的关心和支持,因而他也愿意向老师敞开心扉。而在最后一次对话中学生自己也学会了用"我—信息":"老师,很抱歉让您担心了。今天早上公交车来迟了,我也很担心您会担心我呢。"这是一个老师对学生长期用这种方式沟通后潜移默化的结果,从中也可以体现出该学生和老师的关系从对立到和谐的转变。

良好的师生沟通不仅能避免师生发生隔阂和冲突,而且也能拉近师生的距离,建立和谐的师生关系;而师生沟通不顺畅则会破坏师生关系,进而影响教学效果和学生学习积极性。因而在老师与学生这一特殊的社会关系中,老师应该更加慎重地对待师生的沟通问题,尽量让师生沟通顺畅和谐。我觉得"我—信息"的沟通技巧不仅能让沟通更顺畅,而且也让沟通更有效。因此在师生关系的处理、师生交流沟通中应尽量发挥"我—信息"的作用,少用"你—信息"。

换座风波

许 敏

【案例背景】

调整座位是每个班主任都会碰到的事情,说大不大说小不小,但是如果处理不好,非但影响学生个体的情绪,还会使班级处于"动荡"状态。在高一阶段,我就碰到了这么一件事,让我这个有十几年班主任龄的"老"班主任记忆犹新,也从中吸取了教训。

高一进校时,按照入学考成绩划分,我把同学们分成 A/B/C/D 四个小组,由学生根据组别抽签决定自己的座位(班级座位示意图如图1)。我的初衷是成立学生互助小组,每组的成绩相对均衡,班级组织学习小组竞赛也相对公平。学生觉得这样的安排挺新奇的,也没有异议。期中考试过后,根据学习成绩的变化和任课老师反馈的上课表现,我又按老方法调整了座位,个别学生虽有点意见,但也没有公开反对,班级总体比较平稳。

到了高一下学期的期中考试后,大多数同桌之间的关系已基本稳定,我就不准备再大张旗鼓地换座位了,但却没想到有几位同学跳出来提出了反对意见。

意见1:最后一排的同学始终在最后一排,没有前后移动(前四排的八个学习小组是前后移动的)。

意见2:老师换第一次座位时曾说过,以后每次大考后都会调整座位,现在出尔反尔,不值得信任。

而我觉得在班级初步稳定后,频繁地大范围换座位会影响班级的和谐,操作也

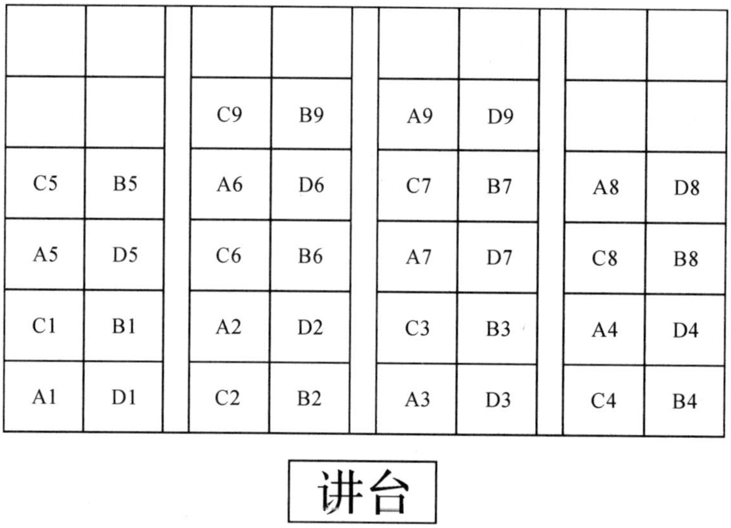

		C9	B9	A9	D9		
C5	B5	A6	D6	C7	B7	A8	D8
A5	D5	C6	B6	A7	D7	C8	B8
C1	B1	A2	D2	C3	B3	A4	D4
A1	D1	C2	B2	A3	D3	C4	B4

讲台

图 1　班级座位示意图

烦琐,就一直没理睬,结果导致了矛盾的升级。一些同学在班级 QQ 群里议论此事,并公开表达对我的不满;一些原本没有换座位打算的同学也因此对我这个班主任有了看法。这让原本和谐的班级气氛趋于紧张,甚至还有个别同学在上课前自行搬动桌椅来表达自己的抗议和不满。

班里的孩子平时看着很乖很听话,我真的没想到他们会用这种方式与我叫板,这一度让我束手无策。怎样处理这样的师生矛盾呢?我开始认真思考。

【案例呈现】

一、个别交流,了解学生想法

首先我在班里小范围内征求了一些同学的意见,到底有多少人想换座位?有学生告诉我,其实大部分同学都和同桌关系不错,也不想调整座位。但是谁都不愿得罪同学,因为如果声援了老师,他/她就很可能被班里的同学排斥。而在他们这个年龄,同学关系是他们最看重的,重要程度甚至高于学习成绩。既然大部分同学和我的想法一致,那就好办了。

二、调查研究，用事实说话

于是我设计了一张表格（见表1），设计问题时我引导学生认真思考自己是否真的想换座位，还是仅仅为了声援同学，人云亦云。

表1　座位问题调查表

14服导3班座位问题调查表

1.你要换座位吗？

A. 换	B. 不换

2.如选A，请完成题2与题3。

A. 换同桌	B. 换前后（限最后一排同学）

3.请写出换座位的理由。

在班会课上，我让班长来组织这次问卷调查，并由学生代表来统计数据，即时公布结果。统计结果显示：41人中，30人要求维持现状，11人要求换座位。11人中有7人要求前后换（这7位同学一直是最后一排），而真正由于同桌关系要求换座位的只有4人。而且有不少同学在最后写上"我有一个中国好同桌，我不换座位""我和同桌关系很好，要一起坐三年""不换不换，坚决不换"等句子来表达他们对同桌的喜欢。少数服从多数，原本叫得厉害的几个同学也不再说话了。

三、适当点拨，引导学生多方位思考

在班会课上，我适时提出某些同学要求换座位其实是对现实的一种逃避，是人际关系协调能力差的表现，应当正视问题、积极处理、自我调整。尤其是有些同学今后还要从事导游行业，更要适应不同的人，协调好人际关系，现在就应该开始培

养这种能力。对于有些同学在 QQ 群里发表不利于团结、对老师不尊敬的言论提出批评，并指出有自己想法的同学可以单独找老师谈，如果有道理，我一定也会满足他们的合理要求，但今后决不允许用极端的方式来影响班级的团结。

四、承认自身问题，缓和师生关系

最后我也承认自己的失误，没有考虑到最后一排同学的需求，答应今后他们也可以前后轮换，并向学生道歉。之前我没有理睬个别学生提出的要求，使学生觉得自己没有得到应有的重视和理解，小问题酿成了大矛盾，希望得到他们原谅。这使得原本在网络上攻击我的学生态度缓和下来，下课也向我承认了错误，师生矛盾得到缓解。

【案例反思】

座位编排，是班主任的一项重要日常事务，每次的座位编排也是班主任根据班级情况进行及时调整和管理的重要手段。但随着学生年龄的增长、心智的成熟，他们对座位的敏感性和自主意识越来越强。在这样的矛盾状态中，师生关系容易紧张。另外随着网络的日益发达，师生间、生生间的交流方式也有了很大的变化。以前智能手机的普及率不高，班级的住校生不多，大部分学生放学回家后，交流的机会不多，但现在先进的通讯方式和班里一大半学生住校的现状给他们提供了表达自己思想和意见的机会，此时班级舆论如果没有一个正确的导向，很容易失控。

在本案例中，我采用了一些方法，将原本中立但因舆论影响已经倒向另一边的学生重新拉回来。一是小范围交流，摸底了解大部分学生的真实想法，做到心中有数有底气。二是采用问卷调查，用数据说话，由学生选择后产生的最终的结果让大家心服口服。三是从学生的专业、情商和为人处事的道理几方面进行引导和疏通，让学生多角度多方面思考问题，逐渐成长。

其实学生的反抗与其说是对座位安排的不满，不如说是对老师权威的一种挑战，更是一种渴望得到尊重的意愿。在处理班级问题时，很难有一种方法是完美无憾的。我们要做的是在尊重学生基本权利的同时,精心提供一些平等的、民主的平台,要以引导、民主协商为主,做到班级管理的人性化,千万不能以班主任的权威强行要求,因为班级稳定和谐才是开展其他班级工作的基础和保证。

当个性张扬的"90后"不再那么"尊师重道"时……

张佩蒂

【案例背景】

如果说"70后"是低调务实的一代,"80后"是自我觉醒的一代,那么我们现在面对的学生群体——"90后"则是个性张扬的一代。他们往往把自我感受放在第一位,自认为与老师之间是一种平等关系,已不像以前的学生那样把"尊师重道"的观念深植心底,所以给现在的老师和班主任的教育工作带来了新的难题。比如,我这学期就遇上了与"90后"学生针锋相对的事件。

【案例呈现】

那是一个课间,我去教室通知C同学,因为他积极参加招生宣传,专业部决定奖励其德育学分25分。当我兴冲冲地将这个消息告诉C同学的时候,他却直接翻脸:"怎么这么不公平的,他们仅仅在学校内做招生宣传,就能加50分,为什么我跑到初中学校去,却只有25分!"我虽然不满他的语气,但还是赶紧解释:"你就去送了一次资料,而其他人却是在学校接待了好几天呀!"可他却根本不听我的解释,直接破口大骂:"某某(我们的专业部主任)脑子有毛病的……"各种脏话,冲口而出。虽然骂的是别的老师,但是当时的情境,我感觉他就是在骂我们整个老师团队,是对所有老师的不尊重。于是我也失控了,我愤怒地批评学生,他也不甘示弱,于是我们吵了起来。总之,言辞激烈,场面火爆。

对一个教育者而言,与学生在公众场合直接正面冲突,是一个失败的教育事件。但事情已经发生了,我该如何去打开这个僵局呢?大家都在气头上,立即与他谈话显然是不合适的。于是我打算冷处理,等待时机。

可能我平时还是比较关心他的,而他从根本上说也还是个懂得感恩的孩子。当天晚上,我收到了他的道歉短信:"老师,今天对不起!"我虽然欣喜找到了教育的契机,但为了提升教育效果,我没有马上教育他,只是回复他我很生气。他马上问我怎样才能消气。我回答:"看你表现呀。"

之后的几天,我发现他果然"低调"了很多,不像以前那样一点点事情就要在班里表示不满,行为上更加规范,学习上也更加用心。我对他的态度也从原来的假装生气到保持关注到主动关心,直到事后不久他通过努力在校新概念英语比赛中获得了二等奖,我才大大表扬了他,顺便对上次的事件进行了教育。我严肃告诉他,他上次的行为完全够得上处分,但是鉴于他知错能改,我就没有上报学校,希望他能吸取教训,以后懂得控制情绪,尊重老师。在此后又多次与他进行沟通与交流,我与他的关系也逐渐恢复了正常。

不过没过多久,我却在我们班计算机课时间接到了老师的电话,说他因为不肯买鞋套进机房,和老师争执几句后赌气离开机房了。我的第一反应就是:怎么老毛病又犯了。真想冲过去骂他两句,但是理智告诉我,要冷静。当我冒着酷暑在校园的一个角落找到他时,已经是第二节课了。我忍住火气,没有责骂他,只是关心地问他:"这么热的天,机房有空调不吹,到这里待着干吗? 不就是两块钱的鞋套嘛,我出钱就是了,快回去上课!"他撇了撇嘴,说:"不是两块钱的问题,是老师不公平,为什么别人不买鞋套他不说,就说我,他就是……"眼看就要开口骂那个老师了,我赶紧拦住他,说:"你是不是老毛病又犯了,还记得上次的事情吗?"他顿了顿,我马上说:"老师不可能特别针对你,如果真的有人没穿而老师又没说,肯定是没看到啊。"他说:"那他对我这么凶干吗?"我说:"我和你说过的,在大庭广众之下,老师肯定要保持他的威信的,你不肯合作,他当然要批评你啦! 但是老师其实又是关心你的,所以立马打电话给我,让我把你找到,不然你旷课两节,不就直接可以处分啦? 那才是真的和你过不去呢。"听了我的话,他沉默了。我看了看表,说:"现在已经第二节课超过十五分钟了，其实你应该算是旷课两节了，不过念在你及时悔过，就算这十五分钟都在我办公室接受教育吧，如果你现在马上回去上课，并且和计算机老师道歉，我就只算你旷课一节！"他点了点头，转身向机房跑去。

【案例反思】

比起上次事件，我这次应该算是处理得比较成功的。成功的秘诀就像魏书生先生在《班主任工作漫谈》中所说的那样："教育需要管理，管理需要方法。教师要理解学生、顺应学生、最后要有能力改变学生！"

就像这次，虽然我这个"70后"还根深蒂固地秉持着"师道尊严"的理念，但这些个性张扬的"90后"已不像以前的学生那样把"尊师重道"的观念深植心底。他们不会"敢怒不敢言"，他们不会无条件接受老师的教育，他们更加注重他们自身的感受。如果作为教师的我们还用以前的方法居高临下地对他们进行教育，只会适得其反。

所以，针对这些重视维护自我利益的"90后"，我们必须改变传统的教育方法，从学生的对立面站到学生的身边，从审判者的角色转化为朋友的角色。当学生敢于"挑战权威"，敢置老师的面子于不顾，甚至对老师有不尊重的言行时，我们应先理解学生的心理，安抚学生的情绪，不把矛盾激化。再站在帮助学生的立场，分析问题的关键症结，冷静地处理问题，并利用适当的时机和方法转移和消除矛盾。让学生知道，老师不是和他们过不去，而是想办法帮助他们把问题处理得更好。"90后"的学生们虽然个性张扬，但情商很高，很重感情，当他们懂得老师的良苦用心后，自然比较容易接受教育了。

"不搭界"热风中的冷思考

于力鹏

【案例背景】

3月开学季,孩子们满怀期待又略带懒散的回归班级。上个学期是高一的第一个学期,同学们在大大小小的活动中建立了深厚情谊,可面对期末小结时却有种感慨万分又不知从何说起的茫然。我想他们到底是孩子,很多事情过去了也就忘记了,于是我决定让孩子们在这个学期开始写周记,引导他们关注生活中的点滴幸福,把生活中的美好留住。

虽然本意是留住美好,但执行时却不尽如人意,有的同学把这个本子当成了告状本,原本太平的班级,似乎也变得波涛汹涌,我开始有点怀疑自己的初衷是不是过于理想化,以至于一片好心却得到了与初心截然不同的结果。此时,班级的"不搭界"风波也在悄无声息地酝酿着,直到爆发后才看到它的威力。

【案例呈现】

"不搭界"是老杭州方言,意为没关系,最初一听不觉得有什么不好,还会觉得有趣,所以会挂在嘴边。于是不知何时起,"不搭界的"悄然成为班级同学的口头禅,风靡整个班级,不过听的越多也就想的越多,慢慢发现这个词语有些变味了。

"你今天作业没交?""不搭界的!""……"

"你怎么能不经同意就动我的东西?""不搭界的!""……"

"同学们,这道题目很重要,一定要弄懂。""不搭界的!""……"

"Y同学,你最近状态不是很好,注意调整一下吧。""不搭界的!""……"

甚至有的同学犯了错误被叫到办公室里喝茶,回到班级其他同学本想安慰一下,也会被回一句"不搭界的!"

当在班级里屡次三番听到这个词时,我感到很生气,这个词不仅影响了班级的团结,更带走了孩子们的积极心态。假如任何场合下都用"不搭界的"几个字来处理,那么也不过是自欺欺人、鸵鸟藏头罢了。久而久之,学生就会变成觉得什么事情都和自己没有关系的人,变成一个没有目标、没有责任心的人,变成一个无所事事的人。尤其是这个词成为班级同学的口头禅后,原本积极的同学也会渐渐变得消极,当班级有需要、同学有需要时,一句"不搭界的"仿佛让所有人置身事外,使原本想去做的人也不会去做了。

我本想义愤填膺的把这些大道理在班级同学面前大讲一通,用自己的话把迷途中的他们叫醒。但认认真真思考措辞时我感到了茫然,到底怎样表达才能真的走进他们的心里呢?茫然间,那周记如同有生命般向我招手,提醒了我,我何不利用这次"不搭界的"危机引导学生如何观察生活,如何表达生活,如何思考生活呢?让学生自己认识到"不搭界的"的真实含义。于是我布置了一篇特殊的周记——"不搭界",给出班级里四种使用"不搭界"的场景,让同学们写下听到或说出"不搭界"时的感受。

在打开这次周记本子前,我不知道自己这次如此简短的话同学们是否能领悟到背后的含意,也不知道同学们是会醍醐灌顶,还是会觉得我小题大做。直到看完所有同学的周记后,我才真正意识到这次周记的意义,我不仅看到了同学们广阔的思维和思考,同时也从孩子们的思考中得到了许多有益的收获。

在周记中,有的同学卸下伪装的坚强,在周记里写道,"说出'不搭界的'时是为了掩饰某些东西,有的时候自己被批评时,内心是很难受的,情绪也很低落的,但在大家面前说出一句'不搭界的',仿佛就能减弱心里的那份失落感";有的同学泄出了满腔的委屈,写道,"同桌没有完成作业,连续 2 天被扣分数,第 3 天好心提醒她一定要记得补上,却换回一句'不搭界的',听到后感到内心充满了委屈,明明自己一片好心却被人践踏,更让人不理解的是怎么会有这种人对什么都无所谓,难道她真的是无药可救了,还是我多管闲事了?";还有的同学提到了"班级文化"这个词,S同学认为现在这种班级文化不是很好,但相信同学们会在时间的沉淀下慢慢明白,慢慢把这部分"班级文化"去除。

一位土生土长的杭州孩子,写出了他记忆中的老杭州和老杭州人:以前陪爷爷去菜场买菜,卖菜的都认识爷爷,有些都已经是二三十年的老交情了,有时多给爷爷一盒豆腐,有时多给爷爷一斤烧酒,我爷爷也是拒绝不要的,觉着多不好意思。但他们也都只是一句"不搭界的",爷爷便不再说什么。在他看来,"不搭界的"这四个字是一种友谊的象征,一种感情好的体现。

看完后我发现自己之前的观点是片面的,庆幸自己当初没有直接在班级里封杀这个词汇,其实,"不搭界"这个词汇本身是不含褒义和贬义的,而是要看使用的场合。当我们遇到失败时,说出"不搭界"代表我们有乐观积极的心态,从哪里跌倒就从哪里爬起来。当我们遇到困难时,说出"不搭界"代表我们有克服困难的决心。当我们犯错或伤害他人时,说出"不搭界"是对自己的放纵,面对错误还一脸不在乎,是对他人的一种不尊重。当需要我们担起责任时,说出"不搭界"是一种不负责任。

我精心挑选了几段孩子们真诚的心里话展现给班级,一起阅读、分享、分析。开始气氛还有些紧张,一位同学小声问道"老师,他们这样写,你不生气吗?"我回了一句"不搭界的"就化解了一切。讨论结束后,大家之间因为"不搭界的"而引起的矛盾化解了,同学们面对这个词的态度也变得更加客观。更重要的是,经过思考,孩子们自己意识到了自身言语可能会给他人带来的伤害,学会了适时、适度、适宜地讲话。在后续的日子里,我又根据班级的热点引导大家借助周记思考身边发生的事情,帮助他们建立自己的价值观、世界观和人生观,然后把大家的观点一起拿出来分享,现在的周记已经成为大家进行思考和畅所欲言的新空间。

【案例反思】

懂得顾及他人感受学会适时说话是孩子们这次周记中最大的收获！学会引导思考、冷处理是我这次最大的收获！之前在教育中,我常常会陷入一个误区,感觉自己什么都是对的,总是希望学生能够服从,不喜欢学生反驳或质疑我。但似乎这种简单的方法不适合职高的孩子们,他们逐渐长大,感觉自己懂的越来越多;在学生特点上,他们好动、灵活,不喜欢墨守成规。所以在德育工作中不能单纯地采用自上而下、一味堵牢的模式,在特定问题上还需要引导孩子自己思考,与其说告诉孩子们什么该做什么不该做,不如让他们自己发现什么该做什么不该做。只要孩子们从内心认识到自己行为可能带给别人或自己的不良后果,那么即使不用说什么他们自己也会改变。通过引发思考的方式培养他们的责任感、树立阳光心态、传递正能量,比单纯的教条主义会更有效果！

给外表卸妆，给心灵补妆

王帅峰

【案例背景】

"教育的本质不在于传授，而在于激励、唤醒和鼓舞。"青葱年华，十七八岁，正是璀璨夺目之时。这段岁月，学生的智商和情商都在急速变化，此时更是需要指引的时刻，这是一段知识技能和综合素质不断爬坡的关键旅程。处于这个时期的学生往往很有自己的想法却又不够成熟，尤其是处于青春期的女生。青春期的女生芳华正好，她们开始在乎自己的外貌。如何变美？化妆！对她们而言，化妆是最好的，也是最简捷的手段。但这种行为与学校的规章制度相悖，因此如何有效处理女生的化妆行为，既能保护学生的自尊心，又能让学生懂得遵守规则，就成为每个班主任面临的挑战。

【案例呈现】

第一眼注意到女生小雪是因为她个子高挑、长相秀气，接触下来发现其性格开朗、很好相处，作为提前批学生，在这个五年一贯制的航空班内尤受瞩目。和这个年纪大部分同学素面朝天不同，新学期开学头两天，小雪就化了妆。作为班主任的我想着先观察几天，同时侧面了解情况之后再与她谈心。第二天下午，班干部就向我报告，小雪和其他班的学生一起在校外抽烟。作为新高一班主任，当时我的心里除了疑惑更多的是气愤：开学才两天，胆子就这么大了？翻看了小雪的个人档案，又找了和她走得近的同学，才得知该女生父母离异，平时和妈妈、奶奶住。爸爸一年到头不回家，也从不过问她们的生活，仅靠妈妈一个人照顾家庭，很不容易。了解这些情况后,我相信她以上"差"的表现和家庭环境有很大关系。

经过开学初几天的留心观察,我发现该女生学习兴趣还是有的,课堂反应也快,如果把精力用在学习上,成绩应该不错;能力方面,平时班里有活动,只要她带头提议,同学们总会积极响应,具有一定的号召力;性格方面,该女生平时活泼开朗,乐于帮助同学,比较热心。我利用体锻课的时间找到她,她似乎预料到了什么,显得有点紧张。但我却像朋友一样和她聊起了天:"小雪,你长得挺漂亮的,一开学老师就注意到你了。"我没有因为化妆的事批评她,校外抽烟的事我也闭口不提,这让她有点意外。高中阶段的女生正是爱美的年龄,外表受到夸赞,自然很开心。同时感觉老师比较平和,她也不再拘谨,谦虚地表示自己不够漂亮,学习也不好,很自卑,但是化妆后感觉自信多了。听到这,我笑着告诉她:十六七岁展现的就是青春活力,这个年龄就要美得"自然","自然"才美;关键是自信,尤其是内在的自信会让人更美。然后跟她讲化妆不仅违反校纪校规,而且过早地接触化妆品对皮肤特别不好,以后做了空乘可以天天化妆,而且必须化妆,到时候一定让你化妆到不想化为止。我边说边笑,她也忍不住笑了。接着,我对她的组织力和号召力等个人能力表示充分的肯定和欣赏,并帮她设定了本学期目标,希望她期末德育评优,并告诉她德育成绩是旅院选拔时的重要指标,但若违反制度被扣分,评优就得让给别的同学。对于她这样先天条件不错的人来说,因为没遵守这些最基本的制度而白白丢分太可惜了。

整个沟通过程中,我不断表示出对她的肯定,这让她自信不少,也因此拉近了我们之间的关系。赢得她的信任后,我再给她设定目标,她很痛快地接受了,当即表示一定遵守校纪校规、努力学习,让自己多点内在美。第二天,我特地买了一瓶卸妆油,开玩笑地和她说:"哪天力度没把握好,妆化重了,用纸巾擦容易伤皮肤,老师特意为你准备了卸妆油,擦拭很方便。"她觉得挺不错,还表示自己能把握好力度。之后只要哪天她的妆有一点明显,我都让她立即用卸妆油擦掉,她非常配合,觉得班主任不是要扣她的分,而是在帮她不被扣分。

航空班历来就是女生占多数，小雪多才多艺，是文体委员，一群爱美的女生，在一个爱美的年龄段，受到爱美、爱化妆的文体委员的影响，曾在班里掀起过一股短暂的热衷化妆的风气。但在老师的一次次引导后，除了服务、面试等特殊场合外，小雪基本做到了不化妆。渐渐地，原来跟风化妆的女孩子也不化妆了。虽然素面朝天的她们没有化妆后那么亮眼，但是青春活力在这些孩子身上体现得更加浓烈了。

偶尔路上看到小雪，我会主动和她打招呼："不化妆更漂亮，更清纯了，这款才适合你。"这时，她总是害羞地低下头笑笑，然后开心地说："老师，再见！"

【案例反思】

在中职学校，女生化妆并不稀奇，虽然知道化妆违背中学生守则，但青春期的孩子有叛逆倾向，加之缺乏自信又没有学习兴趣，因此会想通过化妆后的容貌引起关注，从而提升自己的存在感和价值感。外在行为的背后隐藏着内心的需求，她们渴望通过化妆变得靓丽，从而获得存在感和价值感，我认为解决化妆问题的关键就是提升学生内在的存在感和价值感，这样她们就不会强烈地希望借助化妆去吸引关注了。喜欢化妆，不能说明学生有品德问题，但化妆会分散她们的学习注意力，甚至造成各种攀比，不利于她们的身心发展。

通过对小雪同学化妆问题的处理，我觉得作为老师，不能只有师者威严和令行禁止，要站在对学生有利的角度，给学生讲明道理，为学生疏导思想，让学生对事物有正确的认知，学生才有可能自发地做出改变。师生应该互相尊重，老师不能强制威逼与居高临下，在学校这个杠杆上，学生和老师是天平的两端，而并非利益的对立面，只有共同遵守规章制度，维持良性互动，才能有效保证学校这个大环境的平衡与和谐。在不违反规则的基础上，应多给学生一点时间去思考和调整，时时耳提面命、教育批评反而会激发逆反心理，起到反作用。当然，对学生也不能放任自流，应随时根据学生的表现及时干预和引导，通过聊天、谈心等方式，帮助学生逐渐步入正轨。就像小雪一样，经过老师和其自身的相互配合、共同努力，2016 学年第一学期结束,该女生从原来班级的第 34 名飞跃进入班级前 10 名,学业进步明显,德育评定优秀,获得当年的"三好学生"称号,她比以前更自信、更漂亮了。

身为班主任,不仅要做好学生求学路上的导航者,更要在他们认知发展(对美和自我的正确认知)的重要时期做好引路人,作为他们加油启程的驿站和一路同行的知心伙伴。同时,多给他们一点时间和信任,心怀未来,保护好尚未绽放的花朵和稚嫩的心灵,给学生的心灵"补妆",为他们创造美好的成长环境,帮助学生走向更加美丽的人生。

坚　持

　　有太阳的坚持,世界才到处充满生机与活力;有雨水的坚持,才有满地缤纷绚丽的鲜花。同样,学生心灵的成长也需要教师的坚持。尽管学生会一次又一次地犯错误,教师依然应该坚持与学生连接,保持一种不抛弃、不放弃的恒心和毅力,相信学生下一次会做得更好。我们相信这种温柔的坚持是帮助学生成长最强大的力量,如果我们放弃了,学生的心灵就可能永远处在黑暗之中。

　　坚持,让教育变得不同凡响。

行走在爱与不爱之间

宋春燕

【案例背景】

做了六年的职高班主任,我发现有些学生在初中阶段甚至更早就失去了学习的目标和动力,养成了不良的行为习惯和学习习惯。在高中阶段,教师的教育需要综合考虑学生性格特点、家庭背景等多方面因素,教育也不是一蹴而就的,学生的问题行为会反复出现。对于个别特别难以对付的"刺头",教师更要找准切入点,寻找教育的契机,并要能够正确对待教育过程中出现的问题反复,坚持不懈地展开教育,最终"拨乱反正"。而且,这类学生的潜力很大,给他一个支点,他就可能在班级管理中发挥很大的作用。

【案例呈现】

还记得第一次做班主任的时候,难免手忙脚乱,好在班里的孩子都充满热情。刚开学,孩子们有的从家里带来贴纸,有的买来布花,有的细心地带来饮水机上的防尘垫,还有一个女孩子特地请家里会画画的亲戚为班级画了很大的一幅荷花图并装裱好……整个班级被布置得很温馨,有家的感觉。我正暗自庆幸自己很幸运时,一个不和谐的身影——A同学出现了。上课两周来,他作业不交超过7次,上学迟到并屡次言语顶撞老师,甚至找老师的茬,比如语文老师看到他作业有缺漏,叫他补充完整,他就恶狠狠地顶撞且有脏话。基于以上情况,我叫他过来询问情况,我还没说什么他就骂骂咧咧地摔门而出,我当时真的气晕了,觉得自己受了莫大的委屈。那一刻,我下定决心要抛弃他,不爱他了,爱每个学生谈何容易!

　　下班回到家,我看到可爱的女儿,她的一举一动都深深牵动着我的心,我觉得自己怎么爱她都不够,这时我想到 A,他对他的父母而言也是唯一的,如果他被抛弃了,父母会多么失望。于是,我决定第二天到学校继续与他"战斗",一定要好好地把他收服。在我内心,那个爱字又情不自禁地出现了。

　　既然决定"战斗",必须要知己知彼,才能百战不殆。于是,我给他的父母打电话询问情况,父亲推说很忙,母亲根本联系不到,打到家里,奶奶接起电话跟我讲了他的情况:他小时候父母就离异了,父亲重新组建了家庭,母亲远走他乡杳无音讯。爷爷奶奶年迈且都患有癌症,有时两个老人会同时住院。家住城西离学校又非常远,孩子很多时候都是自己照顾自己。听了这些,我心中的气愤顿时转化为同情,幸好我没有丢了爱,原来这个孩子有着这样的家庭背景,他的一切行为似乎也就可以理解了。心里的感觉变了,我看这孩子也顺眼了很多,慢慢地发现了他的一些优点:有孩子上课吵闹时他会制止他们;班级忘记关的门窗他会随手帮忙关上;主动服务班级也不会来向我讨加分。不过,顶撞老师、迟到、不交作业的问题还是没有丝毫改变,且丝毫不听我的劝诫。正当我束手无策之际,正好迎来了军训活动。

　　在军训第二天训练休息的时候,有个男生无意间说"今天是 A 的生日"。我暗喜教育他的契机终于来了。我请专业部主任帮忙到训练基地外定了个大大的蛋糕,并请班级的几个班委策划如何给他一个惊喜。这一切都在私下进行着,我也一直待在训练场,同学们也是照常训练。晚上看完电影后,我请教官帮忙,把我们班留下来罚站军姿。班长和学习委员借排练节目之名提前离队,捧来插着蜡烛的蛋糕,并唱着生日歌走过来。当全班同学一起唱起歌,A 同学仍一脸茫然,硬生生地被同学簇拥着来到蛋糕前。许愿时不知是意外还是激动,他竟然流下了眼泪。那个晚上,尽管离熄灯只有 15 分钟的时间,但大家都嗨翻了,争着吃蛋糕,连一向严肃的教官都跟大家疯成一团,每个人脸上都沾上了奶油,A 同学更被全班同学举起来。回寝室的路上,A 同学追上我说:"谢谢你,老师!"还问我怎么这个事情他一点都不知道,我告诉他:"同学们说你富有正义感,会帮助他们,所以要谢谢你啊!"

回到学校以后,A的行为明显改善,出勤和作业问题基本没了,偶尔也会跟我谈心。开学一个多月后,在班级存在上课纪律不好、学习状态欠佳的情况下,我决定进行班委换届选举。他到办公室告诉我:"老师,我想做班长,我想帮您把班级管好。"听到这话,我既高兴又感动,但担忧也随之而来:他没有做班委的经历,而且还属于班里违纪记录较多的同学,让他做班长怕管理不好班级,不让他做班长又怕打击他的积极性导致他回到老样子。就这么矛盾着,班级的选举开始了,A竟然以高票当选班长,这也出乎我的意料,决定先让他做着看看,至少他有着深厚的群众基础。

没想到,A在管理班级时非常有魄力,对于同学的不良行为敢说敢管,班级秩序确实好了很多。我正暗自高兴时,A同学却找到我说:"老师我不想做班长了,他们都在群里说我当个班长了不起啊,整天就会狐假虎威……"听了这话,急脾气的我也生气了,他为了班级好反而招来同学的非议,可是转念一想:A的管理方法会不会存在问题呢?我在肯定他的管理成效的同时,也跟他讨论可能存在的问题:一是他的方法太生硬,没有充分考虑同学的感受;二是他没有充分调动和配合其他班委,是个光杆司令。我建议他一方面多看些书,学学管理的技巧和艺术,一方面想想如何调动其他班委甚至是全班同学的积极性。在之后的管理中,他有了改善,原则没变,但方法变得柔和与科学了,比如要批评某个同学会先私下跟他交谈,不再用生硬的态度,慢慢地赢得了大家的理解和支持。他还与其他班委开会商讨决定实行小组值周制,并制定较为完备的值周制度:根据学生的学习情况和性格特点组成学习小组,每个小组承担一个星期的班级卫生、纪律、课堂等方面的管理和记录,每个班委相应进行辅助管理。小组不仅需要管理班级,同时每个小组又是一个团体,在学习、纪律、卫生等方面都要进行评比。这样,小组的成员之间互帮互助,在学习上和习惯上互相督促,小组之间的竞争和组内的合作意识较为浓厚。每个学生都唯恐拖本组的后腿,因此都自觉遵守班级和学校的规章制度。不仅创造了比较好的学习风气,而且带动了班级的集体成绩:班级的计算机等级考试取得全校第二的好成绩,这作为一个普通班是非常难得的;专业课成绩也赶超 3+2 班。班里的每个人都为班级的成绩而骄傲!

【案例反思】

错过学生的一个教育机会也许就会错过学生的一辈子,我真庆幸,因为对女儿的爱,我没有放弃 A。我的一点点爱却换来 A 的真诚回报,他用责任心和爱心感动了整个班级,给了我一个团结互助、积极向上的班级。我不由想到,我给他一滴水,他却给了我整个海洋。作为教师,尤其是职高老师,我经常行走在爱与不爱之间,但我始终坚信爱是教育的核心,有爱就有晴天,每当我陷入这种困惑时,这件事总能催我在爱的路上前行。没有哪个学生不想做好学生,不想成为父母的骄傲。在学生行为出现反复时,教师要能够坚持,守住初心,慢慢等待转角的光明。

循线索 巧沟通 抓矛盾 妙突破

——对离家孩子的处理步骤

戎丽平

【案例背景】

元宵节放假回家路上,我接到学校某专业部部长电话,请我协助寻找我专业部的黄同学,因为他们部的楼同学已经两天未回家了,而前天她利用黄同学的身份证充值过月票,估计黄同学会知道她的下落。

【案例呈现】

第一步:明确获取楼同学和黄同学的姓名及相关情况。

第二步:通过OA上的教务处查询楼同学和黄同学的班级(专业部)。

第三步:与黄同学班主任联系,获取黄同学的联系电话和家长情况,根据实际情况判断是与黄同学本人联系还是与其父母联系。一般选择先与学生联系,除非黄同学父母与老师关系特别融洽,且黄同学本人又特别不能沟通。

第四步:与线索学生进行对话,语气应尽可能平稳柔和。

"黄同学吗?我是×老师。在家过节吗?吃饭了没呀?"

"老师,我没在家,在同学家呢。有事吗?"

"老师有事请你帮忙,你一定要帮我,好吗?而且我打电话给你,是我知道你一定能帮我的,你明白吗?"

"我会的,老师你说。"

"某专业部的楼同学已离家两天了,父母很着急。本是孩子和父母闹点意见,是小事,若是报警什么的,闹大了对谁都不好。你知道她的下落吗?我知道你是知道的,一定要如实告诉我,不要让我为难和失望。"

"老师,我知道的,她和她父母吵架了,所以两天没回去了。我们现在都在另一个同学家中。"

"你和你父母说过你在同学家吗?"

"说过的。"

"哪个同学?我们学校吗?"

"拱职的,叫董同学。"

"你让楼同学接电话好吗?"

"好的。"

第五步:尽量与当事人通话(接触),告知恰当的处理意见。

"楼同学,你好。我是×老师,是黄同学所在的旅游专业部的主任。你知道你若再不与家长联系,家长会闹出什么事来吗?又会给黄同学带来多少麻烦?"

"你们老师怎么都那么卑鄙,拿黄同学来威胁我,又不关黄同学的事,她又没有错。"

"楼同学,请注意你的态度。黄同学一点错也没有,我肯定不会批评她。但是你若再不与你父母联系,'麻烦'一定会找上黄同学,也会找到拱职的董同学的。老师只要求你给父母打个电话报个平安,明天按时到校报到即可。至于你与父母的矛盾总要解决的,但也不是非得今天,对吧?"

"是。"

"那10分钟之内吧,10分钟之后,我会给你专业部主任打电话,告知你已经给父母打过电话了,好吗?"

"好的。"

"你明天会来学校,按时报到吧? 现在只是家庭矛盾,明天不来,那可严重啦!"

"我会来的。"

"好的,元宵节快乐! 你把电话还给黄同学,我要和她再说几句。"

第六步:保持联系人的通讯正常,确保黄同学立场与老师一致,不至于节外生枝。

"黄同学,我再交待你三件事,请一定做到。第一,今天晚上早早回家,免得自己父母担心。能劝楼同学回家就回家,不行也别勉强。第二,明天按时到校,楼同学也要按时到校。第三,今天晚上要保证你手机畅通,若有事,我会随时联系你。若是没电请及时充电,若是没钱,我给你充话费,总之,不能有意外,一定要让我联系上你。"

"好的。"

"那再见,元宵节快乐!"

第七步:善后工作。告知某专业部长,告知黄同学的班主任。我让某部长10分钟后再与家长联系,看学生是否打过电话。我将黄同学的联系电话告诉某部长,同时也叮嘱某部长别把黄同学的电话告诉楼同学的家长,若有变化,还是我们从中斡旋,怕楼同学家长处理欠妥。我又打了电话给黄同学的班主任,请她明天在班级好好表扬黄同学。

10分钟后,某部长告诉我,孩子已经打过电话回家了。她也和楼同学通过话了。

【案例反思】

学生与家长或者老师赌气,离家出走,这样的事件常发生在中职学校里。学生不见了，请其他同学协查，本是件简单的事情，但因为青春期的孩子重义气，是非观念淡漠，往往采用欺师瞒长的方式，反而进一步造成事件的恶化。同时，教师在处理事件的过程中，也往往会迁怒于学生，造成新的矛盾产生，或者是本末倒置，过于追求理想的教育结果。离家出走的事件发生后，联系上学生，让她能与父母联系就是当务之急，解决好这个主要矛盾就是关键。至于后期的各方学生的教育，等到事情平息之后再做不迟。

在本案例中，黄同学就是唯一的线索，如何根据线索联系上楼同学，就在于×老师与黄同学的沟通是否有效。文中的×老师与黄同学和楼同学"巧沟通"，所有的沟通语言有张有弛、刚柔并济，都是为了达到其预设的目的，或者是为了防止新的矛盾发生。"老师有事请你帮忙，你一定要帮我，好吗？而且我打电话给你，是我知道你一定能帮我的，你明白吗？"这句话让黄同学只能选择站在老师的一边。当×老师知道楼同学与黄同学在一起的时候，要求与楼同学通话，这既把握了告知楼同学处理矛盾的妥善方法的时机，也是在确认孩子的定位。这样，到了最差的情况，还能通过定位报警。×老师抓住了楼同学想要"保护"同学、不想给同学惹麻烦的心理，巧妙突破矛盾，成功劝服当事人。但学生答应老师的事情，也许会敷衍，所以在结束通话之前，×老师又交代了黄同学三件事情。这三件事情确保黄同学没有任何理由让老师再次失去对事件的掌控权。

此案例的善后阶段，×老师致电给黄同学的班主任，让她在班级特别表扬黄同学，这一点，既是对她个人行为的肯定，也对其他同学有个榜样作用。×老师没有把黄同学的电话直接给楼同学的家长，这点也起到了保护黄同学的目的，避免着急的家长过度骚扰可以提供线索的学生，造成新的问题和矛盾。有的时候，我们一些老师很容易犯"过河拆桥"的毛病，也很容易着急上火，一有点事情，就立刻与家长联系，让学生受委屈。不仅不能解决问题，还容易激化矛盾。这位老师的做法就非常值得借鉴，遇到类似离家出走的学生案例可按此方式处理。

你的芬芳，我们共赏

——一个被孤立的学生重新融入班集体的案例

吴昌进

【楔子】

"吴老师，这么晚不好意思打扰您了，那个放在您办公桌旁边的东西看到了吗？谢谢您一直以来对我的照顾与鼓励，虽然这也不是什么昂贵的东西，但一点点小心意希望您能收下！"这是班级中女生H发来的短信。第二天上班时，打开办公桌边上的红色袋子，里面是五包炒米糕，包装上写着东阳特产。拿块尝尝，真香！我会心地笑了，让人幸福的不仅仅是这味道。

【案例背景】

那是星期三的下午四点，刚好下班时间，我正在办公室整理物品准备回家，这时手机响了，是女生H的电话。电话那头，她问我还在不在学校里，说想和我聊一聊。女生H是晚自修班长，是班级里为数不多的能积极参加专业部各项比赛并屡次获奖的人，就是平时少言，人缘一般。

【案例呈现】

（一）稳住情绪，了解情况

一个学生主动并严肃地找我说事，这让我觉得有点突然，对接下来的谈话我得有所准备。一是要确定谈话地点，这个时间，刚好办公室里也没有其他老师了，地点就定在办公室；二是寻找话题，在等她的时间里，我梳理了一下近段时间女生H的各方面表现；三是营造谈话环境，我拿来一张凳子，倒了一杯开水，敞开办公室的门，然后静待她的到来。

不一会儿,她就出现在办公室门口。

S(学生):"报告。"

T(老师):"你来啦,进来吧"。(然后,我递上一杯开水。)

S:"谢谢老师。"(她轻轻地说)

T:"找我有什么事吗?"

S:"老师,晚自修班长我不想做了。"(她犹豫了一会)

T:"你是不是碰到什么困难了?"

S:"晚自修管他们,他们都不配合,还说我多管闲事,像昨天晚上,××讲话了,我叫她不要说话,她就说'你管我,为什么你不去管别人',大家都不怎么理解我。"(她又犹豫了一会)

T:"嗯,你做事认真,这是吴老师让你管理晚自修的原因之一。晚自修你管理得很到位,专业部都表扬你了。有些同学确实也有点不服从管理,这是不对的,你能大胆地去管理,说明你很负责任,这一点吴老师很肯定你的做法。"

S:"还有就是大家为什么要针对我? 前天的午自修,我穿着制服走出教室的时候(参加专业部的讲解比赛),就听到有人在下面说'有什么了不起的,又去出洋相了'。我很伤心,为什么这样对我?"

T:"其实吴老师觉得你是一个很强大的女孩,第一,你有较强的专业能力,班级里好像也就你能参加专业部的比赛,你是一枝独秀;第二,你有较好的心理素质,尽管你的芬芳不被某些人所赏,但面对流言蜚语,你都能泰然自若地去参加比赛,而且那天还获奖了呢。"

到这里,我已经了解了女生 H 是碰到了交际冲突的困惑,感觉被大家孤立了。看了一下手机,快 4:30 了,接女儿放学的时间到了。于是我话锋一转。

T:"我看你最近早自修都在喝中药,是胃病吧?"

S:"嗯,胃痛。"

T:"那你的饮食就要有规律,现在食堂应该可以吃饭了,先把饭吃了。吴老师也得去接小孩放学。下次,我来找你,我们接着聊,好吧?"

S:"好的,谢谢吴老师。"

(二)班会跟进,步步为营

在去接小孩的路上,我就在思考如何解决这个问题。第一步:明天早上,先找班委和其他学生了解情况。第二步:本周五,开个主题班会。

第二天从学生那里了解到他们眼中的女生 H 的形象:一是比较自私且难于交往,二是工作认真但没有威信,三是得了几次奖有点飘飘然了。再综合跟女生 H 的谈话,我准备了一节主题是"团结是什么"的班会课。根据心理学上的"情境同一性"原理,为了诱发学生间有情感共鸣,继而能打开话匣子。在周四晚上,我把和这群孩子相处时发生的点点滴滴,一字一句都敲打在 Word 上,并把文章发到班级QQ 群里,取名为《团结是什么》。第二天上班时我看了一下群里的下载量是 37,这说明多数学生都看过我写的内容,应该会有情感的铺垫了。班会课有一个环节是"说说我眼中的她",很多孩子都主动站起来说自己眼中的某位同学,女生 H 第五个站起来,她说着自己的感动,说着自己的抱歉,说着自己的期许,期间几度哽咽,教室里掌声几次响起。孩子们袒露的真诚,竟让我听出了一眼潮湿,同时也让我看到了教育的契机。为了提升教育效果,在星期日晚上,我又在班级群里发表了《什么是同学》的随笔,继续渲染这份美好的同学情谊。

(三)耐心关注,一路扶持

一节班会课只是提供了一个教育的平台,并不能解决所有的问题。不过,为了实现这次班会课的价值最大化,也为了表示我说话算话(前面说改天找她再聊),在几天之后的晚上,我通过 QQ 和她联系:

T:"最近有什么好事？早自修老是能看到你带着笑容进教室。"

S:"没什么呀，可能心情放松一点吧。"

T:"能看到你开心就好。"

S:"老师，我想和××换个座位，行吗？"

T:"怎么啦？"

S:"我还是觉得有些格格不入，不受大家欢迎。"

T:"我认为你这是在逃避问题，那还不如选择去面对，至少你不会被问题追着跑。"

S:"我也想过去面对，可是就算我很努力地去做，还是有人会另眼看我的。"

T:"你要自信，首先是你要愿意接纳对方，愿意与他们交往，这样别人才能真心接纳你，喜欢你。"

S:"我会是一个受欢迎的人吗？"

T:"走到哪里你都可以是一个受欢迎的人，自信一点，你的芬芳首先你自己要懂得欣赏。"

T:"从现在开始，敞开心扉，尽力去接纳别人。记住呀，你要主动。"

S:"我就是迈不出这一步。"

T:"你这是被你的思想束缚了，思想告诉你，你不受别人欢迎，有时候你的思想告诉你的往往不是真相。"

S:"希望是这样吧。"

T:"行动起来，你的芬芳更应该和我们共赏。"

S:"谢谢老师，我会努力成为其中的一分子。"

T:"给你推荐一本书，卡耐基的《如何赢得朋友及影响他人》。"

S:"谢谢老师！"

为了能让她更加自信，更好地感受集体的温暖，我鼓励她参加专业部"我的金牌导游梦"系列比赛。在准备比赛的过程中，我很高兴地看到班里有同学帮她修改稿子，有同学帮她参谋比赛着装，有同学为她组织啦啦队加油鼓劲。她的奋力拼搏同学们看在眼里，大家的一举一动也温暖了她。带着自信，乘着阳光，她夺得"御茶杯"导游讲解大赛一等奖、导游词写作大赛一等奖等多项荣誉。

【案例反思】

本案例中，我采取了三步走的方案来解决这个问题。

第一步：稳住情绪。在群体中被孤立的孩子，她本身的性格往往比较偏执内向，情绪容易波动。所以，在与其交流中，一开始应该以倾听为主，要站在她的角度来看问题，同时尽量创设一个平等的谈话环境，这样才能让交谈进行下去。

第二步：收集多方信息，以便寻找对策。我觉得一个孩子被孤立，自有她本身的原因，但同时也可能是另一群孩子的行为不当，所以情况是复杂的，必须实实在在地去掌握信息，进行分析。如有必要，还可以向其他老师讨教方法，最后确定要采取的教育方式。本案例比较适合采用像主题班会课这样集体教育的形式来进行。

第三步：要有后续的跟进。被孤立的学生能不能变得自信，其他人能不能很快地接纳她，这一些都不是一节课或是一次教育就能立竿见影的，之后还应该持续地关注。

"拇指" or "食指"

徐敏杰

【案例背景】

学生的教育和评价,西方推崇"拇指文化",专拣学生的优点,竖起大拇指表扬;东方则是"食指文化",专挑孩子的毛病,伸出食指指责。在具体实践中,我们是奉行"拇指教育",还是"食指教育"呢? 中西方这两种教育方法到底孰优孰劣,不能简单取舍,一概而论。我们既不能简单地将"拇指教育"奉为包医百病的灵丹妙药,更不可能认为"食指教育"百无一利。应该根据教育的不同内容和孩子的不同情况,运用不同的"指头",褒贬交替,各有侧重,方能取得良好的教育效果。文中我将呈现两个工作中的实例,与大家一起分享与探讨。

【案例呈现】

一、"拇指篇"

C女生高一刚入学就频繁迟到,我关注到这一问题后,并没有马上批评她,而是先去了解下她的家庭情况。经过了解,她父母长年在外地工作,平时没有人照顾她,该生基本上处于一种监管真空的状态,由此养成了一些不良的习惯。初中又因为经常迟到而受到老师批评,早已是老油条了。"冰冻三尺,非一日之寒",我如果还是采取常规的说教式教育,也许收效甚微。经过思考,我慢慢形成了一个教育思路:当她迟到时,我不直接批评,每次就用眼睛盯着她,让她知道老师已经关注到了她的行为,直到等来教育的契机。

现实中,我也是这样做的。有一天她没有迟到,早自修结束后我就把她叫过来说:"我终于等到这一天了。"她低头笑了。我问她:"今天为什么那么早啊?"她有点不好意思地说:"今天状态好。""那么你的状态保质期有多久?"我又问道。她略带羞涩地回答说:"老师,我不会迟到了。""好,你是个爽快的人。"我答道。其实我心里知道她做不到。果然,没过几天,她又迟到了。我过去笑着对她说:"爽快的前提是能说到做到,不然就是敷衍啊。"不等她回答,我马上说:"我知道你家里的情况,你这个年纪能自己照顾自己已经很不容易了,迟到也不能全怪你,以后每天早上我都打电话给你当闹钟吧。""啊,老师不要啊!"我笑笑没理会,让她进了教室。之后我就每天准时打电话给她。过了一段时间,有一天中午她自己来找我了,她偷偷地说:"你以后不用打电话了,每天打电话大家都很烦的,我不会迟到的。"我马上说:"嫌我烦了啊,如果你以后自己能当自己的'闹钟',那我们都清净了。""嗯嗯。"她笑笑,跑了。以后,每天当我看到她准时坐在教室里时,我们俩总是对视一笑。我当时心里真的很开心,也庆幸我没有一开始就竖"食指",而是找机会竖"拇指"。如果竖"拇指"能有这样的教育效果,老师何乐而不为呢?

二、"食指篇"

D男生,在他很小的时候父母就离异了,一直跟着奶奶过日子。他成绩优秀,有着很强的自尊心,同时也是个自卑的人,平时不太爱说话,从来不在学校里提及自己的家事。由于奶奶年事已高,除了生活上可以照顾该男生,其他方面也是心有余而力不足。所以该生在生活和学习上碰到困难时选择了一个不正确的排解方式——抽烟。进入我校时,俨然是个"老烟民"。

平时,他在学习上还是十分努力的,得到了不少任课老师的肯定,我也经常在全班面前对他竖起"拇指"。但一次午休时,该生被值日老师发现在校抽烟,在批评教育过程中他情绪十分激动,认错态度恶劣。当得知这一情况时,我一时也不知道怎么处理:这"食指"到底要不要竖呢,总不能坐视不理吧! 同时也担忧批评会不会

让该生对任何人都失去信心，因为能和他说说话的人太少了！我左思右想，决定
"冒险"批评他。我当天晚上把他叫出来，找了个人少的地方和他坐了下来，直接就
劈头盖脸地批评了他。他开始不响，慢慢地，眼里有了泪花，但还是忍着没响。我
就当作没看到，还是继续说，终于他开始向我咆哮了。好啊！终于把感情释放出来
了。孩子的内心在坚强的外表下终于崩溃了，他需要有人和他交流，需要有个人做
他的听众。在他喊得筋疲力尽以后，我开始了语重心长的教育。我说："现在的你
是一个男子汉，不光要照顾自己，更要照顾奶奶，而奶奶最想自己的孙子能够好好
读书，将来能够过上好的日子再去照顾她。别人批评你的时候可能在语言上不是
那么顺耳，错的毕竟是你，况且真正的男子汉能屈能伸，有谁会一辈子不受气？"我
看他情绪有点缓和了，接着说："我问你抽烟对不对？"他答："不对。"我接着问："具
体哪里不对？"他一时支支吾吾回答不上来。我说道："一是你还在生长发育期，抽
烟对身体的伤害会大于成年人；二是社会不认同高中生抽烟现象，简单说就是你身
边的人会认为你是问题少年；三是现在你还没有独立的经济能力，抽烟要花不少
钱，这钱正是奶奶从牙缝里省出来的。该讲的老师都讲了，我想你是个懂事和聪明
的孩子，一定会处理好这件事的。同时我很清楚戒烟的难度，老师允许你反复，也
随时欢迎你有困难的时候来找我交流。"该生听后沉默许久，然后轻轻对我说："让
我试试。"我点点头，心里对他有种很坚定的期待。

事后，他会定期和我聊天，和我讨论戒烟的方法，分享戒烟的感受，并不时和我
汇报实践的效果。当然，在这个过程中也少不了反复。但每次他都会抢在值日老
师告状之前，主动到我这里来"投案"。我也会耐心地询问原因，不断与他进行交
流。每一次交流后，我对他的信心都会增加不少，也不断沉浸在教育的价值感中。
令我高兴的是，该生最终改掉了抽烟的习惯，在自己的努力下，高三毕业后还考上
了高职院校。

【案例反思】

上述两个案例中，我在教育中都没有采取单纯的"拇指"或"食指"教育，而是根

据学生的个性特点和教育时机交替使用"拇指"和"食指"。

职校学生缺少成功的体验,对失败的痛苦感受颇深。对于老师和家长的批评,从开始的畏惧感到后来的厌恶感,最后发展到无所谓的态度。因此,我们职校的德育应该以表扬和激励为主基调。"拇指"篇中的 C 女生就是因为长期的挫败感使她潜意识里厌恶学校,到学校来读书也是迫于外界的压力。在这种思想意识下,当然缺乏上学的动力,迟到也就是顺理成章的事。孩子不是不知道自己的错误,也不是不想改,只是在默默等待老师的关注并渴望受到老师和同伴的肯定。只要老师真正地去关心她、宽容她,她是愿意改正的。让学生在学校里感受到温暖,享受到快乐,任何教育上的困难都会迎刃而解。因此,我选择了对该生以"拇指"教育为主,事实也证明这次教育是成功的,

学生固然需要鼓励和肯定,然而决非不分青红皂白,无原则胡乱地赞扬,更不是做错了也会得到肯定的"误导"。这样的教育是在助长学生们的虚荣感和鸵鸟心态,使之不敢正视自身的问题和弱点,还会将之作为优点而保持下来。

"食指"篇中的 D 男生是个成绩上比较优秀的学生,平时也经常受到老师的表扬。如果因为成绩好,在抽烟问题上我处理不当,不仅在班级里我不能服众,对他也是种间接伤害。我反复斟酌,确认该男生是个有是非观和一定承受能力的人后,我直截了当地对其进行了批评。批评仅仅是第一步,更重要的是教师在教育过程中要保持持续性和对学生的耐心,在竖"食指"后,不要吝啬自己的"拇指"。更多爱的付出,才会让学生不断自律,有乐于上进的动力。

教育本就是十八般武艺,表扬批评奖励惩罚都应该有,没有奖励的教育是不完整的教育;没有惩罚的教育是一种虚弱的、脆弱的、不负责任的教育。教育的秘诀是真爱,给孩子充分的成长空间,其实孩子就是在磕磕碰碰中长大的。要相信,孩子的能力,永远超出成人的想象。

春风化雨·青春蜕"辩"

王姚姚

【案例背景】

辩论赛很常见,但是这一次班会课上我们的辩题堪称罕见:应不应该在教室里玩"狼人杀"。这道辩题显而易见是有答案的——不应该。这样决绝的回答,想必会令许多喜欢玩"狼人杀"的孩子懊丧,正如课文《清兵卫与葫芦》中被剥夺了玩葫芦权利的可怜的清兵卫。从情理上来说,适当玩一玩似乎也说得过去,据同学们反映,"狼人杀""天然绿色有营养",不仅无害还可以"补脑",简直比"六个核桃"更管用。看到学生午饭后在教室里十人一桌,兴趣盎然地玩起"狼人杀",我不忍简单粗暴扔下一句"不允许",就在左右为难之际,我萌生了一个念头,索性组织一场辩论赛,让学生从自己的口中说出教室内玩"狼人杀"的弊端,也可以借机锻炼一下思辨能力和应变能力,或许会达到一石二鸟的效果。于是,便有了接下来的一堂主题班会课——应不应该在教室里玩"狼人杀"。

【案例呈现】

班会课前一天,正方队伍"应该"很快就组建好了,由四名活跃的"狼人杀"积极分子组队而成,让我喜出望外的是有四位勇敢果断的男生主动报名加入反方队伍,向困难发起挑战,毕竟,正方的支持率超过 50%(31 位观众中有 16 人支持正方,只有 7 人支持反方,8 位观众保持中立)。主持人童小澜也非常"给力",简直可以说令我欣喜,她以最快的速度、最高的效率当天便准备好了详尽完整的主持稿,原本略显随意的辩论赛顿时变得隆重,观众同学们则纷纷怀着激动的心情翘首盼望着班会课的到来,辩手们更是跃跃欲试,摩拳擦掌,精神抖擞地准备迎战,颇有临危不惧的凛凛大将风采。

3月17日14时,辩论赛准时开始。随着正、反方一辩赵小东、刘小杰的开场陈词渐渐暖场之后,气氛越来越紧张,每位辩手似乎都铆足了劲儿想要把对方驳倒,特别是正方二辩宁小芳的眼神里满是"杀气",气势汹汹。她抓住了纸牌"狼人杀"比手机游戏保护眼睛,属于"绿色游戏",而且有助开发大脑的特点,向反方发起了猛烈进攻。但反方二辩傅小奇与三辩杨小阳毫不示弱,面对言语犀利、针锋相对的正方辩友,反方同学据理力争,相信很多同学也为他们捏了一把汗,特别是当宁小芳质问反方"为什么玩游戏的我们却比天天看书的你成绩好"时,空气瞬间凝固了。反方四辩夏小瑜沉默了两秒钟,没有自乱阵脚,反而镇定自若地还以有力反击:"对方辩友,你的意思是说你成绩好是因为玩游戏比我多吗? 当然不是,你的成绩好是因为你的学习能力强,这一点不可否认,但是我们可以大胆假设,聪明的你如果不沉迷'王者荣耀'等游戏,或许成绩比现在要好很多。你有没有这样的自制力呢? 似乎你并没有,既然自制力不够,怎么又能保证在教室里玩'狼人杀'可以控制好时间而不影响午自修、不影响下节课的学习甚至是放学后的打扫卫生呢? 谢谢。"夏小瑜同学妙语连珠又不失君子风范,令人拍案叫绝。在场的每位同学都被夏小瑜的强大逻辑折服了。原本我以为只是嘻嘻哈哈热闹一场的辩论赛,事实上他们每个辩手都做足了精心的准备。看着他们认真执着的样子,我内心感动,敬意油然而生。

孩子们总是处处给我惊喜和震撼。如果说最初的顺利组队是第一个小惊喜,那么赛场上同学们的出色发挥则是第二个惊喜,最后的比赛结果更是一个大大的惊喜——中立观众大多投票给反方,且有部分正方支持者倒戈,最终辩论双方打成了平手。面对这样一个再和谐不过的结果,我稍加引导便让同学们达成了共识:"狼人杀"游戏本身没有错,这个游戏当然可以玩,而且很有意义,但是,必须要注意时间和场合,如果是节假日欢庆或者是班会课,我们可以全班一起嗨翻天,但如果是日常的课间甚至是体锻课,我们最好不要在教室里大张旗鼓地玩这种人数多、耗时长的游戏。

"狼人杀"就这样在班级里消失了,青春蜕"辩",蜕变青春。

【案例反思】

首先,辩论赛之前我有两点困惑:

1.既然无论结果如何班级里都不能玩"狼人杀",那么辩论赛的开展还有什么意义呢?

2.万一出现正方支持率"一边倒"的结果,作为班主任,我该如何收场?

为了辩论赛的顺利开展,也为了避免出现尴尬的局面,我做了一些准备工作。第一,我用经典的"国际大专辩论赛"的精彩视频诱导学生,让他们自己发现辩论之美,让他们渴望拥有一场属于自己的辩论赛;第二,我在班级做好心理暗示,我们只是以"应不应该在教室里玩'狼人杀'"作为辩论的主题,真正的目的是借助一个大家最熟悉的话题,为同学们提供一个发挥辩论才能的平台,评选出我们的"最佳辩手",而非真的争夺在教室里玩"狼人杀"的权利。当然,借机让学生明白不应该在教室玩"狼人杀"也是我的小小私心。做了这样的情感铺垫之后,学生们自然也不会对结果太过敏感。所幸,双方打了个平手,我倍感欣慰,孩子们的眼睛是雪亮的,他们具有明辨是非的能力,不会人云亦云、亦步亦趋。

其次,这次青春蜕"辩"还让我对如何更加有效地管理班级有了更为深刻的认识:

第一,尊重学生的自尊、尊重学生的选择、尊重学生思考的权利,是与学生进行教育沟通的前提。人类与生俱来热爱游戏,更何况"狼人杀"这种"天然无公害"的游戏,它本身具有存在的合理性,可以作为学生休闲放松时的娱乐工具。以辩论赛的形式展开讨论,有利于提升学生的自尊、促进学生的情感流动、激励学生思考,可以说是民主教育的一次尝试。半个学期下来,成效可喜。我不希望自己像个强行推销员一样,把自己的意志强加给学生,不希望实施"暴力"教育,正如心理辅导站周老师所说,应倡导"孵化教育",保护学生的自尊心、保护学生的权利,防止自己被学生"炒鱿鱼"。

第二,倡导非压制、非批判式的教育,倡导开放式思维,倡导自我反思与控制,是我努力的方向。理解学生表面行为背后的需求,是教育者的大智慧。学生身上往往会体现一种补偿心理,学生为什么想玩"狼人杀"? 因为他们无聊,他们需要一个负面情绪的发泄口,同时这也是他们进行人际交往的一种媒介。但是游戏有一种神奇的"魔力",它会让学生沉迷其中不能自拔,甚至带学生去一个他们并不想去的地方,这样的"游戏"会给学生的成长带来负面的影响。让学生在辩论中思辨,在思辨中反躬自省,在错误中学习,在参与中解决,学会自我控制,学会跳出自己的身份看问题,甚至是换位思考,这才是教育的最有价值之处吧。

最后,我想说,教育的方式不止有一种,这是我一直秉持的教育理念。有时我被班级问题事件困扰得几近崩溃,甚至恨不得干脆说服自己,简单粗暴是解决问题的最佳捷径,不要跟学生废话……但是,慢慢地,随着班主任工作的持续开展,在教育学生这条充满未知坎坷的小径上艰难探索时,我越来越笃信,教育需要智慧,更需要耐心!

学而思 思而长

吴伟明

【案例背景】

"面前一张是试卷,另外一张也是试卷,还有一张也是试卷……"

"每一次假期,我对你百般蹂躏,你却总对我不离不弃……"

看到学生这样的留言,作为老师的我总是不由得一阵苦笑。进入高三,面对扑面而来的作业,学生似乎总有说不完的怨言。班会课上苦口婆心讲学习的利害,最多也只是换来学生一个"你不懂我"的无奈表情。

当作业挤占了他们原本用来玩耍或者游戏时间时,他们有的只是对作业以及老师的怨气。问题是,仅仅抱怨作业多是没有实际作用的,尤其是当高三面对众多作业的时候,这样的情况只能让问题反复出现甚至会向着更加严重的方向发展。

表面上看是作业多的问题,但为何作业多,学生却很少去想。如何引导学生思考作业多背后的原因,有针对性地找出相应解决办法,同时引导学生理性认识作业多的现状? 直接讲,他们大概又是一副"无所谓你尽管说好了"的表情。怎样才能既解决问题,又让学生觉得班主任不是在教训他们呢?

【案例呈现】

思考了很多天,在准备议论文写作课的时候,我突然灵机一动。议论文是用来引导学生对所面对的现状进行全面深入的思考,以便解决现实中的问题,这也是议论文写作的核心和目的所在。用实际问题引导学生思考,最容易激发学生思维,何不将这次议论文写作内容设置为"如何正确地面对这么多的作业"呢?

这样设置题目,作文写作的内容既具体又贴近学生的生活,也更容易让学生在讨论和思考中感受议论文写作的现实意义,同时也避免了直接教育过程中学生的抵触感。

基于这样的思考,我给学生留下了一份作业:用合适的理由说服老师少布置作业,要求说理清晰,有理有据。这样做既可以避免面对面的说理,让学生自己说服自己,也可以在写作过程中训练学生的议论思维,不至于让学生觉得无聊。

尽管带着这种心理预设,当我看到学生作业的时候,还是险些没控制住自己。作业中更多的不是在讲道理,而是在发泄对作业的不满情绪。这又引发了我的进一步思考,学生理性不足,如何引导呢? 我不断地分析思考,也请教了身边的其他老师,一个较为理想的方案出台了。

"是什么——为什么——怎么做",这虽然是议论文写作的老套思路,却又是最基本的问题解决思路,也是常规的问题解决思维方式。

在问题引导的过程中,课堂上学生的思考也在不断地深入。"作业是什么?",引导学生对作业有更直观清醒的认识;"为什么布置作业""为什么多布置作业""为什么希望少布置作业",在不断的追问和思考中,学生慢慢地找到了作业多的根源,也找到了解决作业多的方法;"少布置作业应该怎么做",在理性的思考中找到了更积极的学习方法。

"如果课堂上学习的内容大家都掌握了,还需要那么多作业吗?""作业真的很多的话,可以和老师商量一下,有人这么做过吗?""老师检查作业是为了了解大家对学习内容的掌握情况,如果老师发现大多数同学对同一个内容掌握不好的话,那明天的作业是不是会有这个内容呢? 再加上今天学习的内容,作业自然会比平时多一些。作业一多,有同学就开始应付,作业的错误更多,老师发现没有掌握,只能再布置作业,如此一来,恶性循环。""其实,我们掌握好每天学习的内容,才是解决作业多的根本方法。"……

一堂课下来,明显可以感觉到学生对于作业的情绪缓和了很多,一定程度上完成了既定的教学目标,将对学生的教育融入语文学习,让他们在深入思考中逐步学会理性面对和分析自己所遇到的问题。

面对这样的语文作业,学生也觉得有话可说了,在再次的作文修改中,一些学生分析得已经很有逻辑性了,并且就自己的分析提出了相应的解决办法,很多学生的作文远远超出了规定的字数。他们开玩笑说,在写作过程中根本没有考虑字数问题,只想把问题想清楚,想出解决的办法。

【案例反思】

对学生来说,学习几乎是他们生活的重心,学生在校的很多问题都在一定程度上和学习有关,换句话说就是,我们的德育工作常常是和我们的教学工作一起出现的。教学和德育工作应共生共长,对语文学科来说就更是如此了。

学习是为了让自己生活得更好。自己解决生活中的问题是学习必备的能力之一,培养学生这样的意识,有助于培养自主学习和管理自己的能力,让学生掌握面对生活中难题的方法。这对学生来说,是他们的学习思路和方法;同时,对老师来说,这也是德育工作的基本方法。

课后,针对学生经常抱怨的现实情况,我紧接着又设计了一个作业,根据课堂上议论文深入思考的三个步骤,整理出话题作文"抱怨"的写作提纲。

"与其在那里抱怨,不如努力提高自己,只抱怨只能说明自己是无能的,没有能力解决面对的问题,没有办法面对现实的困难,也没有能力控制和舒解自己的情绪……",当学生明确写出这些句子时,我想,学生不仅理解了议论文写作的思路,更掌握了理性和智慧对待自己人生的方法。

当然,一两次课不可能解决学生所有的问题。但我相信,努力把握好学与教的艺术,不断激发学生进行自我反思,可以引导学生在反思中成长,为学生的一生发展打下一个坚实的基础。

坚　定

　　有岸的守护，河流才能流向远方。尽管河水每日冲击堤岸，但堤岸依然坚守，无怨无悔。因为岸知道，如果河水不能沿着正确的方向前进，就会四散开去，以致消失不见，永远也无法到达想去的地方。教师口复一日地守护着学生做人的规则和底线，我们一次又一次忍受和宽容学生的越界和冒犯，每一位教师都相信，这是学生人格之树的根基，守住了，学生才有可能成为有用栋梁，才能在未来的社会中挺拔屹立，把身躯伸向蓝天，有机会呼吸高空的气息。

小契机，大教育

沈　斌

【案例背景】

"90后"大多数是独生子女，有着张扬的个性和敏感的内心，他们正处于心智逐渐成熟、性情逐渐定型的青春转变期。我班里有位学生小T就拥有典型的青春期性格，对于自己看不惯的人和事，他会表现出强烈的反叛意识，这种特质在语言的攻击性方面尤为凸显。面对这样一位"愤青"，我曾多次教育他，甚至找他家长面谈，但每次我自以为"晓之以理，动之以情"的谈话，总被他强大的"免疫力"阻挡，甚至因为我的急于求成(找他家长)反而让他对我更加排斥。就在我束手无策、异常苦恼之时，一次偶然的教育契机让我发现，变换一种教育方式，能使原本看上去"山重水复疑无路"的困局，变得"柳暗花明又一村"。

【案例呈现】

做班主任以来，我一直有让学生写随笔的习惯。在随笔中学生可以通过文字释放自己的压力和喜悦，把自己的所感、所思、所悟通过文字的方式呈现出来，这其中有让我感动的情节，也有让我气血上涌的片段。正是小T随笔中的两段文字让我找到了打破沟通坚冰的切入点。

片段1：最近的早读课上，我看见老师总是摆着一张臭脸，老师你臭脸给谁看呢？早读课若觉得我们读不好，那你自己来啰！

片段2：老师，请记住，你只是个计算机老师，最多也就是个班主任，放学后跑操别总以怀疑的眼光盯着我，你不配！

小 T 这样的文字还有不少，每次看完我都会觉得异常愤怒，恨不得把这个学生立马叫到面前狠狠训斥一番。然而在做了几个深呼吸后，我开始冷静地思考：选择何种教育方式，才能让这个"90 后"男生有所触动，至少让他学会用礼貌的语言和别人进行交流沟通？在学校教育中，我们时常会看见学生所受家庭教育的影子，所以我和小 T 的母亲又进行了一次电话交流，了解到小 T 的父亲脾气比较暴躁，生活中父子俩经常因为一件小事相争，出现言语过激的现象。可恨之人必有可怜之处，原来，小 T 才是那个受伤害最深的人，他用同样的过激语言伤害别人却不自知。既然找到了问题的关键，我就应该把小 T 拉出恶性循环的泥潭。我决定找小 T 再聊一次。

我请他来到办公室，面对面而坐，并主动倒了一杯水给他，我看得出他挺诧异，但脸上的表情却很冷漠。刚开始的谈话，我一直用平等、和蔼、轻松的语气，和他谈生活、谈学习、谈未来……他的表情慢慢放松了许多，这时我对他说："请允许老师设计一种情景和你交流。"设计情景谈话如下：

谈话 1：最近的计算机课上，我看见你总是摆着一张臭脸，同学你臭脸给谁看呢？计算机课若觉得没意思，那你自己学啰！

谈话 2：同学，请记住，你只是个中学生，最多也就是个职高生，放学后别总想着逃避跑操，你不配！

听完这两段，小 T 开始坐不住了，他问我："老师，你为什么要用这样的语气和我说话，我有点受不了，我今天不是来听你嘲讽的。"说完就准备起身摔门而去。此时我拿出他的随笔，告诉他刚才的说话内容都是从他的随笔中改写过来的，他羞愧地低下了头。我看时机成熟，继续说道："教师这个职业虽然很平凡，但依旧需要得到尊重。对老师有意见可以随时提，因为 14 商务 1 班需要我们一起经营，在经营过程中难免会有不同的意见和想法，但我想我的学生要先学会如何和别人交流，一个友善、相互尊重，而非情绪化的交流氛围更易让人接受。希望今天之后我们能一起开始改变，学会尊重别人也终将赢得别人的尊重！"那一刻，看得出他很懊悔，更看得出他有所感悟。

在交谈后的随笔中小 T 这样写道："对于以往那些不敬的语言和文字,我真诚地向老师您道歉,希望老师可以既往不咎,今后我希望在老师您的监督下能改正坏脾气……谢谢您,老师!"

【案例反思】

经过这次风波后,小 T 着实将他的坏脾气收敛了不少,和我的关系也走近了。我为小 T 的改变感到由衷的欣慰,也为自己的小成功感到雀跃,很庆幸自己能将他引上积极心态的阳光大道。这次经历也让我明白,智慧教育比直白说教更能打动学生。

"一把钥匙开一把锁。"每一个学生都具有不同的实际情况,案例中的小 T 因其自身问题的独特性,需要选择和运用特殊的方法和手段,但即使采用的是"以彼之道,还施彼身"的反向教育策略,我也要考虑到"度"的把握,设定宽松的谈话氛围,抓住有效时机作为突破点进行教育和引导,使他自己去发现、去感受,在痛定思痛之后自然会明白该怎么做。这种通过内因起作用的教育才能达到更好的效果,同时也能更拉近师生之间的距离。

作为一名教师,我们教育的对象是活生生的人,所以教育的过程不是一二三四五的教条,而是建立在尊重彼此基础之上的心灵共鸣。教育学家说过:人不是为了被打败而来到这个世界,而是为了得到认可来到人间。对于小 T,我用平等和善去触动他,满足他被尊重的需求,就像枯萎的庄稼见到了阳光和雨露,这能迅速激发他自身的潜能。

对于小 T 的教育,我走过很多弯路,我原本以为自己的人生阅历比他丰富,就可以高高在上地跟他摆事实、讲道理。殊不知教育需要契机,需要耐心和尊重,同时也需要智慧的招数,哪怕有些招数可能会剑走偏锋。但只要我们把心静下来,琢磨每朵花成长所需的不同浇灌方法,就一定能够慢慢等到花开的时刻。

辛勤耕耘，才能静待花开

戚成启

【案例背景】

个体的差异性是班级日常管理工作极大的挑战因素。学生拥有共有的表现行为，也有自己独特的个体特征。身处不同的环境下，他们呈现出来的状态各有特点，有些学生行为、思想反差很大，很难让人相信这是同一个人。把有些学生在校日常表现和在外实训情况做个对比，总让人有种摸不清、道不明的疑惑：这种反差是真实的他吗？为什么会有如此的不同？这种现象产生的原因是什么？学生出现行为举止反差现象时，班主任该如何面对和疏导？

【案例呈现】

"酒店学生不会给专业部丢脸的，请老师们放心。"当班主任还在事无巨细地叮嘱着外出实践或服务的学生注意事项时，P同学信心满满地说。P同学非常重视、珍惜学校给予的学习实践机会，并且有较强的自觉性和为校争光的集体荣誉感，以自己良好酒店人的形象及高标准的准职业服务，得到了带徒师傅或用人单位的高度好评。

P同学经历过近乎严苛的高端会议服务，不分昼夜地学习操作，不厌其烦地矫正动作，吃苦努力地坚守岗位。他在岗位上就是坚强的酒店人，不甘人后的奋进者。从他身上，我们看到很多学校给不了的教育，看到超乎想象的180度大转变。学校老师们很欣慰，以为他经历了人生难得的一次历练，发掘了自身的闪光点，找到了从业、就业的新动力。

但让人意想不到的事情还是出现了。短短几周，P学生回校后就各种状况百出，迟到、旷课理由五花八门，行为习惯毫无规矩可言，上课表现更是令人不满。面对老师的教育，竟爱搭不理，甚至出现顶撞老师的恶劣行为。另外，仅有的学习压力不足以引起他的重视，自信爆棚的感觉让他飘飘然，家长的顺意、纵容使他游走在学校规矩和师长要求之间。当问题发生时，他常以认真悔过的态度面对过错，转身就遗忘干净，总是"认识深刻，屡教不改"，不久就"变回"原型。

前几日，P同学不穿校服，多次故意不交手机，班主任就此事与其进行约谈，再次重申、强调了高年级学生的纪律要求，可是他却一副事不关己的样子，态度傲慢无礼，甚至对老师的管理方法提出质疑，不服从老师的处理意见。

这个时候我马上跟进，在放学后约他操场散步。从谈话中我发现他这些表现也能反映出他心里的一些状态，比如，我为学校争得荣誉，犯点小错误算什么；下次需要会务服务还是靠我们这批人，还是要表扬我，功过相抵。处于这个年龄段的孩子逆反心理很重、爱出风头，希望通过顶撞或不听从老师管理的方式得到同伴的关注，同时他的规矩意识不强，觉得现在已经没有可以约束自己的制度了，实训回来又沾染了不属于这个年纪的油滑、放任的习气。并且他也说爸妈是了解他、放纵他的，对于他的所作所为没有什么约束管教。

通过了解他的心里想法，我尝试着谈点其他的事情来降低他的防范意识。谈到"你觉得一个人优秀是装出来的？优秀的习惯是短期的还是时时刻刻保持的？你对一个人品行的判断标准是怎样的？"时，他总是顾左右而言他。

紧接着，我和他就外出实训给同学们带来了哪些改变进行了讨论。孩子们"善于"发现别人身上的缺点不足。通过这样方式对比观察，让P同学察觉同伴的变化，自省自己的得失、进步和倒退，在走走聊聊之间寻找他不向外人道的真实感受。

此后，我经常会找他谈话，就不同酒店企业文化、企业师傅与老师之间的异同，每次都"闲聊"那么几分钟，既不引起他的反感，又能逐渐引导他反思自身的行为，以提高他的自我控制能力。

【案例反思】

记得一句话:"教育没有成败,只有成长。"P同学的个案具有普遍性,从辅导他的过程中,我有以下几点感受:

1.鼓励比表扬更有效

表扬往往会导致学生骄傲自满,而鼓励则会提供给学生成长的动力,去发现和觉察自身发展存在的问题。案例中,P同学由于自己在外实习服务中取得成绩获得的表扬而飘飘然,不把学校的规章制度和老师放在眼里,是由于他对自己的角色和责任缺乏准确客观的认识。面对这种情况,教师既不能纵容,更不能放任不管。教师对学生真正的爱是为之"计深远",在学生犯错误时,要不抛弃不放弃,也不能讨厌他,给学生改正和重新成长的力量和机会。

2.平等的沟通比批评更助于学生的成长

批评往往会导致学生抵抗和不满,因此失去一个良好的教育机会,同时也使学生把情绪和能量都用在自我保护和对抗上,而无法拥有平静的心态对自己的错误进行反思。当教师能以平等尊重的态度与之沟通时,学生才会打开心扉,面对自己身上存在的问题,反思自己的行为。教师尊重和关注的态度,为学生的成长创造了一个反思的空间,引导学生在反思中改善自己的不良行为。

3.帮助学生进行成功的角色转换

社会和企业的环境跟学校完全不一样,工作者与学生的责任和义务也完全不一样,学生从学校走向社会或者从社会回归学校,都会产生角色冲突和转换的困难。教师要觉察这种转换给学生心理和行为带来的冲击,需要跟学生建立紧密的连接,了解学生的心理和行为动向,及时跟进,帮助灵活应对不同的规范和要求,使学生能够成功转型。在学生行为出现异常和困难时,教师要持一种关注和支持的态度,给予学生力量和勇气去面对自身存在的问题,帮助学生在错误中学习和成长。

4.家校合作,形成合力

学生在校的行为表现往往跟他的家庭教育有关。父母是孩子言行的底线,如果父母对孩子的行为放任自流,学校就很难守住学生行为的防线。因此,在学生行为出现问题时,要及时跟学生的家长取得联系,争取家长的合作和关注,共同把学生从迷途上拉回来。

总之,教育是一个长期而反复的过程,教师要为之投注爱心,付出努力,还要有耐心地进行辛勤耕耘,最后才能等到花开的美丽时刻。

做谣言的终结者，让班级重拾欢乐

赵淼玉

【案例背景】

坚定不移的期望、摒弃功利的赏识、公平公正的处事是班主任在班级管理中需遵循的原则，是学生信任班主任工作的重要基础。在个性张扬的"90后""00后"学生不断涌现的课堂里，一声"玉姐"，让作为年轻班主任的我感觉自己在学生心目中应该算是一位通情达理、公平处事的班主任，直到突然间发生的一次谣言风波，打破了我的美丽幻想，也让我直面教育与成长的艰难困境。

【案例呈现】

2016年5月18日，我们班迎来了一次重要面试——××酒店暑期志愿者招募。本次招募主要目的是服务杭州市G20峰会。面对如此高规格的国际化服务，同学们跃跃欲试，全班同学都报名参加。面试当天他们精心准备，面试场上他们从容应对，给面试官们留下了深刻的印象。

有面试必有淘汰。公布面试结果那天，校方专业部主任收到××五星级酒店录取名单，原本说好录取19名学生，收到的名单里却有24名。酒店方希望校方根据学生在校表现合理筛选到19名。接到通知后，专业部主任、德育主任和班主任根据学生在校综合表现，确定了19名学生。作为班主任的我本想当着学生面宣布录取情况，但当时时间紧迫，学生已经放学，因此，我将名单公布在班级QQ群。学生们看到录取情况，议论纷纷，几家欢喜几家忧。

第二天，我利用早自修时间，跟大家说明了面试录取过程，安抚了落选的学生，分享了如何正确面对得与失的案例和经验。突然间坐在第一排的一名女生悄悄地抹起了眼泪，可能是因为没选上吧。正想去安抚她，她却悄悄地把我拉到门外，跟我说，班里有一位男生在传言，昨天××酒店录取的名单中有她，是我将她淘汰了。当时，我震惊了，不知所措。我确实参与了筛选过程，也阐述了每个录取学生在班集体中的表现情况，而她，无论是行为习惯还是性格脾气，与其他几人相比确实稍逊一筹。但当时我不好意思跟她直说，怕伤了她的心，在回答她的疑问时，我只从嘴里蹦出了这样一句话："这次筛选最终决定权在酒店方和学校方，我的建议仅供参考。"然而，这名女生并不相信我的话。课间，她与班里另一名成绩好，年年获三好学生，但没有选上的伙伴（这名女生确实不在酒店公布的名单中）讨论这次面试的种种，很不服气，甚至在班里肆意造谣："录取名单是班主任自己定的，被选上的同学都是班主任喜欢的学生，这是一次不公平的面试。"瞬间，同学们分为两派，整个班级充斥着冷漠、互相藐视的气息。听到传言的我暗自神伤、心如刀割。原本互相信任、互相团结、互相充满爱的班级氛围似乎在一次谣言中荡然无存。

面对如此糟糕的班级状况我有点招架不住，然而，还是需要积极面对。在专业部德育主任的帮助下，我开始慢慢解决班级中的信任危机，于是我采取了以下三个措施，重塑班级的信任氛围。

1.坦诚沟通，聆听心声

为了能够理性判断传播谣言的两名学生真实想法和心理动机，我选择与两名学生单独见面，倾听她们的心声，分析其中缘由。在倾听中，我了解到：第一，两名学生都自认为形象好，学习成绩，行为习惯优于其他同学，比起被录取的，她们更胜一筹。第二，平时，专业部各项活动，都是班主任和专业部单独挑选班级个子高形象佳的学生，让她们自信心受挫，甚至感觉班主任偏爱行为严重。第三，录取人员都是在学校中参与较多活动，平时班主任甚是关心的学生，由此断定这次面试就是班主任内定的。在不断的倾听中，我认识到每个学生都有自身独特的想法和判断，也了解到了她们的失望和不满，可能我平时确实忽略了她们的内心感受，没有及时给予安慰和鼓励,因此,他们也就慢慢地对我及班级失去了信任。

2.真心道歉,消除误解

一直认为"90后"的班主任跟"00后"的学生们沟通无阻,形式自由,他们应该能够理解。然而并不是如此,在一些原则性的事件中,需要有原则性的交流。于是,在表达歉意之后,我一一解答她们心中的疑惑和不满。此外,也让学生明白传播谣言对班集体带来的伤害。在开诚布公的沟通后,两名学生明白了各自在这件事情上的错误和不足,反思过后,她们再次找我单独沟通,诚恳地向我道歉,反复保证以后不会再发生这样的事情。她们的表现让我欢喜中带着一丝歉意,感觉自己的沟通不够及时,如果早点做这些沟通的工作,可能也不会给大家带来这么多的痛苦。但结果却因祸得福,师生的心灵都在这次的谣言事件中获得成长。

3.班会教育,承担责任

为了让班级重回当初彼此信任、和谐的环境,我在事后组织了一堂班会课——"做流言的终结者,让班级重拾欢乐"。此次班会课不仅是教育学生,更是对"90后"年轻班主任的一次心灵洗礼。课堂主要有以下三个环节:(1)班主任的道歉。专业部活动的情况说明,G20服务面试,应事先将操作流程说清楚,再公布名单,不该一贯独裁。(2)造谣者的道歉。谣言的传播是可怕的,一句谣言,可能会让班级处于不安的环境中,两名同学的诚恳道歉得到了班级同学的"比心"赞美。(3)班级同学的道歉。对于听风就是雨的班级学生而言,传播流言是不理智的行为。班会的最后,酒店人力资源部总监也来到了课堂中,说明了当时的面试流程和录取要求,对于引起同学们的误会,也表示了歉意。这节班会课让我们大家都学会了真诚道歉和相互宽容,同学之间的信任以及师生之间的信任得到加强和巩固,为班级这艘小船注入了新的活力,一起驶向更远的目标。

【案例反思】

奥地利教育家布贝尔曾说过:"具有教育效果的不是教育的意图,而是师生间的相互接触。"确实,教师和学生只有相互接触,才会彼此了解、信任。只有获得了彼此的信任,学生们才乐意接受教师的称赞和激励,更乐意接受教师的批评和指导。可见,信任在班主任工作和教书育人的教书生涯中是不可缺少的一个重要元素。

案例中,面对"谣言万花筒",作为班主任,首先应该以身作则,在没有辨认清楚谣言的真实性前,不应该对任何学生抱以不公平的对待。更不能以牙还牙,把造谣者胡乱骂一顿,解心中之恨,这是不理智的行为,更不是一个教育者该有的处事态度。班主任更多的是应该多方了解信息,在不同的信息中冷静思考,慎重选择,用理智行为、容易让学生接受的方式解决谣言问题。俗话说:"谣言止于智者。"学生之所以会做出不理智的行为,也是说明学生心智的不成熟。而如何才能让他们变得能够理性判断,正确面对流言呢?我个人觉得相对较好的方式应该是将处理流言事件全过程和学生分享,坦诚交流,引发学生思考,谣言自然会烟消云散,同时也能帮助学生的心智变得更加成熟。

多一分理智,少一点莽撞。在处事中努力做到冷静、思辨、慎行。相信我们可以成为谣言的终结者,也可以是快乐的传播者,为学生创造更好的成长与生活的空间。

早恋问题"是"与"非"

杨文浩

【案例背景】

高中时代是人一生重要的转折期,无论是生理还是心理,我们的学生都开始慢慢变得成熟。他们开始试图从各个方面尝试体验成人世界的别样风景。这些处于懵懂状态的"小大人",既不可能像小孩子一样听话,也不可能像真正的大人一样理性,这就给教师工作带来了许多难题。例如,在我的班主任工作经历中遇到的最大的挑战就是学生早恋问题。早恋一般指未成年人之间发生的异性亲密交往,是处于青春期的学生最容易出现的问题之一。处理这类问题,是对班主任工作智慧的一种考验。

【案例呈现】

我们班的早恋现象开始于高一上学期期末,主人公分别是小 A 与小 B。小 A 是一个比较文气内向的男孩子,他是班里的电脑高手和数学高手,有同学计算机出现故障或者数学遇到难题,他都会热心地帮助同学答疑解困。因此,小 A 在班级同学中有不错的口碑。小 B 是一个多才多艺的女生,作为班级的宣传委员,无论是黑板报、文艺演出,还是写通讯稿都表现得十分积极,课余时间还自学吉他等乐器。在学校,小 B 也被其他班级的许多男生追求,为此她十分反感,曾经多次主动向班主任寻求帮助。在我看来,这样的女生是不会在高中阶段涉足早恋问题的。

然而,事与愿违。小 B 是一个很有上进心的女生,她的目标是实现自己的大学梦,要想实现这个理想,数学成了最大的拦路虎,而小 A 经常能够给她带来学习方面的帮助,久而久之,两人就走到了一起。对于小A和小B,我陷入了一个两难的境地。从积极的方面看,两个人在一起后,小B的数学成绩有了很大提高,对于考大学的信心也变得更足了。而小A受到小B影响,无论是作业质量,还是学习态度都有了明显改善。两个人期末考试双双进入班级前十名。从消极的方面看,如果对他们的交往不加以限制可能会造成许多不利的后果。第一,有可能会向班级其他学生传递出一种错误信号——只要学习成绩提高,违反规则也是可以被原谅的;第二,在榜样的示范下,可能早恋问题会蔓延(当时已经有了苗头);第三,由于年龄小,一旦把控不住情绪,可能会给学生健康成长带来伤害。

针对班级中出现的早恋现象,作为班主任既不能放任自流,也不能一味使用强制手段进行压制,必须尽快找到切实有效的方法,妥善解决此类问题。

起初,利用周五的班会课,我为学生布置了一次特殊的家庭作业。作业的内容是写一篇题为《我看学生时代的爱情》的文章。看到这个题目,学生们有的一脸诧异,有的暗自发笑,还有人低头不语。从学生的表情中可以看到,他们自以为天衣无缝的交往过程实际上已经被发现,此时的他们内心一定是矛盾的。这时候,有学生问:"老师,你怎么看这个问题?"我知道这个问题是必须要正面回应的,于是我坦诚地跟他们说:"布置这个作业,就是因为在我看来,对于高中生而言婚姻与爱情的话题不应该成为一个禁忌。特别是在信息时代,即使老师不说,你们也会通过网络去寻找自己感兴趣的话题。一些敏感的话题,如果我们学校教育不去占领这块阵地,那么网络就会去占领,而网络所传播的信息很有可能与学校的教育目标相抵触。为了不影响你们的观点,我现在只能说:作为班主任,我希望你们每个人都能有美好的未来。"这正是我所理解的"教育要走到前面"这句话的意义。

之后,我对学生的这次作业进行了仔细批阅,发现在作业中出现的观点分为三种类型:支持、反对和困惑。其中表示支持的有22人,表示反对的有10人,表示困惑的有6人。表示"支持"的同学主要理由是"有共同语言"和"能互相帮助"。他们普遍认为,早恋要承担巨大的外界压力——几乎所有的家长和老师都会反对。而面对家长和老师的反对,学生往往以"不影响学业"作为换取外界支持的条件。同时,几乎所有女生都有"严守交往底线"这种意识。表示"反对"的同学最主要的理由是"影响学业"和"未来的不确定性"。表示"困惑"的同学主要的理由是"没有交往经验"。从"反对"和"困惑"的学生意见中可以看出,学生对于早恋本身是不排斥的,所担心的更多是学业、个人前途以及外界压力。

在认真总结上述结果的基础上,我特别举行了一次班会课,主题是"早恋问题'是'与'非'"。班会课的内容主要包括"支持者的声音""反对者的顾虑"以及"同学间如何正当交往"。通过同学们自己的语言和思考,来回答"我看学生时代的爱情"这个问题,更加明确早恋问题的"是"与"非"。经过交流,班级同学普遍端正了对早恋问题的认识,交流达到了预期效果。

【案例反思】

经过半个学期的工作,当事的两位同学对早恋问题有了更加全面而客观的认知,在班级同学面前注意自己的言行,把注意力放到学习上去。处理这次早恋事件让我深深感受到,作为班主任,要认真观察学生动态,积极面对问题,与学生坦诚交换意见,这才是解决班级问题最好的方法,而且更能得到学生的拥护。此外,我认为应对诸如早恋等问题,不仅要进行思想引导,还要想办法让学生的课余时间变得充实起来。除了正常的作业和课后练习,还通过订立阶段性学习目标将大目标分解为小目标,用"扶着走"的形式帮助学生度过内心空虚、情感孤独的时期。当然,解决学生问题少不了与学生家长的沟通,通过倾听家长的意见使学校教育与家庭教育形成合力。早恋问题只是班级事务中最常见的一个现象,要想塑造一个积极向上的班集体绝非一朝一夕之功。相信通过班主任细致、耐心的工作,一定可以帮助学生找到符合自己发展的道路,毕竟对于他们来说前面的路还很长,更精彩的世界属于未来。

以懒制懒，"刷地"制度刷出存在感

章微微

【案例背景】

2015年9月，我第二次担任高一新班主任。褪去第一次做班主任的紧张、不适应、古板，我开始从容、坦然、微笑地走上班主任岗位。接手的15商务2班是由42位可爱又有活力的同学组成的班集体。这班孩子身上有着"二"的特性，你见到他们的时候他们总是乐呵呵的，他们跟任课老师也走得很近，课堂上妙趣横生的互动，以及同学之间的玩笑恶作剧等，让我觉得他们都很可爱。然而经过一段时间的接触，情况不乐观，让我烦恼又头疼的事情也来了。这帮孩子普遍有另一个特性：懒。

懒的第一种表现：语文课上经常会出现这样的情景。一篇背诵的语文课文，50％的同学选择背诵，另外50％的同学宁可选择抄写5遍，也懒得去动脑子。语文老师的教学进度硬生生地被拖住了。有几个同学，不仅口头作业不完成，连书面作业也不交。

懒的第二种表现：每天走进班里，最常遇见的是垃圾"尸横遍野"，一眼望去，座位通道里有好多白花花的纸巾，这些垃圾制造者的主人就等着值日生收拾干净。更可恨的是后排的男生丢垃圾是"投球式"的，而且技术不佳，垃圾桶边上全开花。教室里的地砖也被糟蹋得越来越黑了。作为一个勤快的班主任，看着他们这种懒的行径，我真的是无比的纠结和闹心。

我将15届与我之前的10届进行比较。10届的学生让我操心比较多的是出勤问题,学习作业根本不用我担心。这一届恰恰相反,学习作业、卫生习惯等成为我比较头疼的事儿。我与高一的其他班主任进行交流,发现他们的班级也存在着相似的问题。为什么会不要学习,不愿意花时间在学习上?通过观察比较分析,我发现主要诱惑在于智能手机,学生放学回家后大量的时间都花在微信、电视剧以及各种 APP 上,导致心思根本不在学习上,回家只要有一部手机就行了。

【案例呈现】

关于手机问题,我与几个特别依赖手机的孩子家长进行了沟通,帮助他们与孩子约定在家时手机的使用时间。另外,在班级里,为了改变这恶劣的环境,惩戒他们不符班规的行为,提高班容班貌,"治懒人用懒办法",我在我们班制定了一条"刷地制度"。规矩是:当天谁没交一次作业就罚刷一块地砖,每迟到 5 分钟刷一块地砖,谁被学校纪检部扣分谁就要为班级刷地砖。自制度开始实施,第一个撞"枪口"的是陆同学,她上学迟到十分钟,需要刷两块地砖。平时,这位陆同学是一位行为不太合格,迟到、化妆,自以为了不起,不尊重老师的学生。通常老师在上面讲话,她很喜欢在下面发表意见。我担心这位陆同学不乐意刷地砖。没想到中午我一到教室,她就去打了水拿了刷子,蹲在地上认真地刷了起来。在那一刻,一个安静的教室里一个女孩子埋着头刷地,我的心情很复杂:有感动,感动于一向有点自以为是的陆同学服从了班主任的管理;有一丝愧疚,想着自己的制度是不是太残忍……这时,旁边的同学插话了:"老师,别让陆同学刷地砖了。""我今天迟到了,要惩罚刷两块地砖的。"陆同学说。看来,陆同学还是蛮讲信用的。两块黑黑的地砖在陆同学的手下渐渐地变白了,从此我对陆同学的看法也开始慢慢地改变。

自从陆同学带了一个好头,我们班的刷地砖制度就一板一眼地实施起来了。其中有一次一个女生因为睡过头晚到学校一个小时,被惩罚刷了十二块地砖。同时尽管有些男生很调皮,但他们知道自己错了后也会很配合班主任,做到地砖"承包负责制"。当我看到那些在家从来没有干过家务的学生,在班里愿意承担起刷地砖的工作,我的内心是无比自豪的。

自刷地政策实施后,班级里不交作业的人越来越少,直至变成无,地变白了,丢垃圾的行为也在慢慢地纠正。同学们的行为越来越符合班规、校规,也越来越团结,热爱班级。面对一半是白地,一半是黑地的教室,我决定趁热打铁,抓住家长会的机会。我们班的刷地慢慢变成了全班的行为,特别是家长会前的大扫除和家长会的布置。一些同学留下来布置教室,其中一大重任便是刷地。刚开始同学们只用清水洗刷地砖,刷起来较为费劲,后来有人提出用去污粉会比较省力。虽然没有去污粉,但他们用平时洗餐具的一小瓶洗洁精在每块地砖上洒一点点,用了洗洁精,地砖刷起来就方便多了。看着那些泡泡由白变黑,同学们心里莫名地暗爽着。

最得意的要数异同学,当周一回来后,她发现她自己刷的那几块地砖已经被刷"褪色"了,有些甚至连原本的纹路都看不出了。她那开心的样子让好多同学羡慕。

【案例反思】

自从当上了班主任,我时时刻刻提醒自己,我有责任帮助每一个孩子改变以前的不良习惯,努力创设一个民主、和谐、上进的班集体,让这些孩子在我的班级中学会热爱学习、热爱生活。针对几个学生不上交作业的情况,之前我采取过很多的办法。先由课代表催,不交的扣德育学分,再接着放学留下来补,但都收效甚微。但自刷地制度执行后,孩子们不交作业的情况慢慢地好转。其真正原因是我抓住了孩子们"懒"的本性——在他们看来写作业比起刷地要轻松不少。我深刻地意识到,做一名班主任,要有管理班级的策略和智慧。在此感谢商务助理专业部的班主任前辈,从他们的身上我汲取了不少的管理经验,感谢唐主任的适时点拨,让我在迷惘时仍能找到前进的方向。

刷地制度之所以能够在班级里顺利地实施,是因为15商务2班有一群纯真、可爱的孩子,他们能够认识自己行为的不足,并愿意为这不足之处承担相应的责任。孩子们在相处一年后,他们愉快地相处,相互包容、接纳,并不断地制造快乐,让作为班主任的我也由衷地感到幸福和喜悦。